Der Krieg ist aus

Für meine Eltern, Geschwister Kinder, Enkel
und Verwandten

Ingrid Engelking

Der Krieg ist aus

Kindheit in Krieg und Vertreibung

1943 – 1954

© 2006 Ingrid Engelking

Herstellung und Verlag:
BoD - Books on Demand, Norderstedt

ISBN 978-3-7412-1420-2

Inhalt

Vorwort	7

1. Teil

Fliegeralarm	11
Winterabende	13
Mitten in der Hölle!	25
Kriegsende	27
Der Handwagen	34
Unser Haus steht noch	36
Im Stall: Zwei Wochen im Stall!	39
Gefangenen-Trupp	48
Siebenschläfer	49
Oma Bayer stirbt	50
Unsere Nahrung	52
Waschen – Duschen – Reinlichkeit	55
Typhus-Epidemie	58
Läuse	62
Vater kommt nach Haus	63
In Berlin	68
Weihnachten	74
Vertreibung der restlichen Dorfbewohner	75
Schule und Konfirmation	81

2. Teil

Das Radio	93
Urgroßmutter Philippine Heim	95
Onkel Karl erzählt aus seinem Leben	99
Onkel Karl erzählt: Krieg und Gefangenschaft	101
Gefangenschaft und Weihnachten 1947	105
Onkel Karl erzählt	110

Cousine Helga Heim	112
Vater erzählt: Militärzeit	119
Gefangenschaft 1945	121
Tante Hannchen erzählt (geb. 1893, gest. 1978)	125
Onkel Albert, der Friseurmeister	127
Der Schimmelreiter geht um!	128
Anni erzählt nicht – sie leidet ihr ganzes Leben lang!	129
Opa Wilhelm Heim	131

Verschiedenes
Hühnerschlachten in Wollin	135
Meine Einschulung im Herbst 1941	136
Schiffs-Linien-Verkehr von Gartz/Schwedt nach Stettin	139
Dampfer Osten	141
Unsere Kleidung in jener Zeit!	143
Der Seesack	145

Vorwort

Erst wenn der Mensch nichts mehr besitzt, weiß er, was er wirklich braucht!

Die Erlebnisse in der Zeit von 1944 bis 1956 haben mich mein Leben lang nicht losgelassen, haben sich in der Seele eines zehnjährigen Kindes festgesetzt.

Schon in jungen Jahren habe ich begonnen, alles niederzuschreiben, was unsere Familie in den letzten Kriegsjahren 1944/45, während der Flucht und späteren Vertreibung aus Pommern erlebt hat.
Aber auch die Zeit danach, in totaler Armut leben zu müssen, ist wichtig festgehalten zu werden. Auch heute noch ist meine Erinnerung an die Geschehnisse damals sehr gut.

Ich bin es meinen lieben Eltern, Geschwistern und Verwandten (viele davon leben nicht mehr) schuldig, die Erinnerung daran wachzuhalten, denn sie alle haben ihr Leben lang unter diesem Unrecht gelitten.

Zum anderen, denke ich, ist es Zeit, den eigenen Kindern und Enkeln davon zu erzählen, etwas da zu lassen als Zeitzeuge. Sie wissen nichts aus dieser schrecklichen Zeit.

Die leichtfertig hingeworfene Aussage von manchen Politikern, die da so oft zitiert wird, es würden dort andere Menschen leben, die da aufgewachsen sind, konnte und kann die Vertriebenen nicht trösten. Es wäre die Aufgabe dieser Politiker der westdeutschen Bundesregierungen gewesen, zu verhandeln, erst dann hätte man über Geld sprechen können.

Es ist nicht in Ordnung, wenn Menschen in einem unrechtmäßigen Zustand fünfzig Jahre und mehr leben müssen, immer getragen von der Hoffnung, es würde wieder ein Zurück geben. In diesem Sinne aber haben die Bundeskanzler seit 1949 gesprochen, den Menschen Hoffnung gemacht.

Natürlich kann man nicht andere Menschen vertreiben, die dort jetzt leben, jedoch vernünftig darüber verhandeln hätten sie müssen, und zwar gleich 1989.

Nein, man hat die Vertriebenen schnell vergessen und spricht nicht gerne darüber. Es wird ihnen nicht einmal ein Denkmal gegönnt oder Gedenktag.

Nur wer seine Heimat liebt, kann auch ermessen, was der Verlust der Heimat bedeutet. Es ist mehr als der Verlust eines Familien-Vermögens. Es ist auch der Verlust der Landschaft, die die Menschen prägt, der nachbarschaftlichen Bindungen, der Gemeinschaft, in der man lebte, die den Menschen Sicherheit und Geborgenheit vermittelt. Und schließlich sind es auch die Gräber der Vorfahren, die man nicht mehr besuchen und pflegen darf.

1. Teil

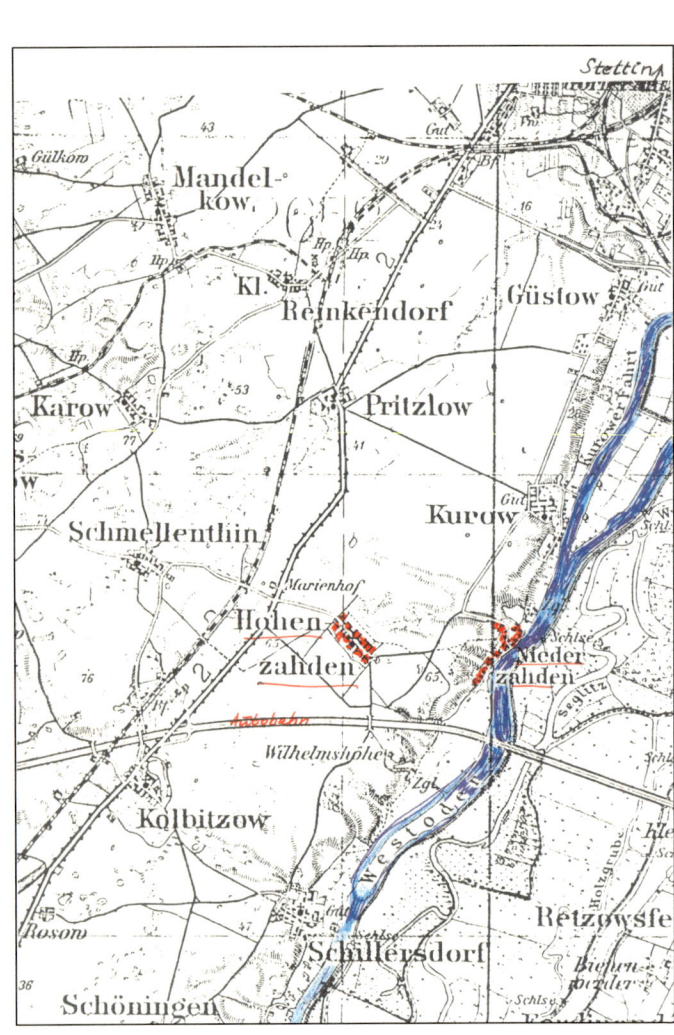

Fliegeralarm

1943 – 1945

Die Luftangriffe auf Stettin durch englische und amerikanische Bomber nahmen zu. In dieser Zeit mußten wir abends, besser gesagt, ab Einsetzen der Dämmerung, alle Fenster total verdunkeln. Kein Lichtschein durfte hinausdringen. Draußen durfte niemand auch nur eine Zigarette anzünden, denn der kleinste Lichtschein könnte von den Flugzeugen aus gesehen werden.
Oberhalb von Niederzahden gab es eine Flakstellung. Von hier aus wurde mit starkem Lichtstrahl der Himmel abgesucht, um die Bomber zu finden und abzuschießen. Natürlich waren auch diese Geschosse markerschütternd, weil so ganz in der Nähe.

Ich erinnere mich noch genau an diese Nächte, wenn die Flieger kamen. Die Sirene heulte, wir mußten aus den Betten. Licht durfte nicht angemacht werden. Unsere Mutter leuchtete mit einer schwachen Taschenlampe. Schlaftrunken tasteten wir im dunkeln herum wie Blinde; wir suchten unsere Kleidungsstücke sowie den Rucksack (jeder hatte einen) mit den Sachen, die wir mitzunehmen hatten in den Luftschutzkeller. Beeilen sollten wir uns auch. Ich konnte nichts finden, es war schrecklich.
Dann gingen wir aus dem Haus – es war nicht weit bis zum Bunker, ca. 200 m –, aber unterwegs war es

auf einmal taghell von Leuchtbomben oder von der Flak, ich weiß es nicht. Wir drückten uns geduckt an den Häuserfassaden vorbei, um die Straßenecke und bis zur Schule, daneben befand sich der Bunker. Drinnen saßen einige Leute auf dem Fußboden, frierend, kauernd. Eine Petroleumlampe spendete etwas Licht. Wir setzten uns auch auf den Fußboden, wohin auch sonst. Mutter hatte Decken mitgebracht – sie dachte immer an alles. Ich habe dann wohl weitergeschlafen, war sehr müde. Die Erwachsenen hatten auch nur wenig miteinander gesprochen – alle waren müde.

Wenn die Sirene Entwarnung gab, gingen alle nach Hause, die Flieger waren weg. Es kam auch vor, daß solche Aktionen zweimal in der Nacht passierten. Zu Hause wurde weitergeschlafen; wie lange, weiß ich nicht. Zur Schule brauchten wir nicht, denn sie war seit Oktober 1944 geschlossen.

Am nächsten Vormittag gingen wir Kinder die Anhöhe hinter dem Dorf hinauf, oben stand eine einzelne Eiche, von dort aus konnten wir die Rauchschwaden über Stettin sehen; es waren ja nur 8 – 9 km bis dahin.

Winterabende

1944/45

Abends, wenn das Vieh versorgt war, gefüttert und die Kühe gemolken waren; die Fenster sind schon längst verdunkelt worden, nach dem Abendessen, hatte Mutter auch Zeit, mit uns »Mensch ärgere dich nicht« oder Karten zu spielen.

Als Beleuchtung wurden nur Kerzen oder eine Petroleum-Lampe angemacht, die Mutter noch irgendwo auf dem Boden gefunden hatte, denn an elektrischem Licht sollte gespart werden, das wurde den Menschen immer wieder durch den Volksempfänger mitgeteilt. Man brauchte die Kohlen für die Waffenschmiede. Wir spielten, bis um 22.00 Uhr die »Lili Marlen« aus dem Radio ertönte. Danach gingen wir zu Bett.

Wenn keine Bomber kamen, war es eine gute Nacht, wenn sie kamen, na ja …!

Trotz der Kriegszeit gab es für uns Kinder auch manch angenehme Erlebnisse. So wurden die vielen Geburtstage in der Familie und Verwandtschaft auch 1944 noch gefeiert. Wir waren vier verwandte Familien im Dorf. Meine Mutter hatte ihren Geburtstag am 18 Juni, ihre Mutter – also meine Großmutter – auch. Es kamen alle Verwandten, auch die von außerhalb, in diesem Jahr noch einmal zusammen.

Es war der letzte Geburtstag von Mutter und Oma, der in großem Rahmen gefeiert werden konnte.

Noch wußte niemand, daß später die ganze Verwandtschaft zerrissen sein würde, verteilt in Westdeutschland von Nord bis Süd und zum Teil in der DDR.

Auch all unsere Kindergeburtstage waren wunderschön. Wir spielten fröhliche Spiele je nach Jahreszeit: Im Winter Blindekuh, Pfänderspiele, Gesellschaftsspiele etc.

Auch die freundlichen jungen Mädchen vom Arbeitsdienst, die zur Hilfe der Bäuerinnen eingesetzt waren, brachten Abwechslung in unser Dorfleben, eben auch besonders für uns Kinder.

Die Winter waren bei uns Kindern gleichermaßen beliebt wie die Sommer. Das mag überall so sein, aber hier so dicht an der Oder, die auch jeden Winter dick zugefroren war, durften wir eine herrliche Kinderzeit erleben. Morgens vor der Schule fegten die größeren Jungen schon den Schnee auf dem Eis der Oder zu Haufen zusammen, damit sie nach der Schule gleich Schlittschuh laufen konnten. Wir kleineren Kinder profitierten davon ebenso ohne Zutun. Nachmittags tummelte sich alles auf dem Eis. Es gab Schlitten jeglicher Art, auch die uralten Stuhlschlitten, die man im aufrechten Gang schieben konnte und gleichzeitig dabei das Schlittschuhlaufen lernte.

Wir trugen damals Schnürstiefel und dunkelblaue Trainingsanzüge aus Baumwolle, innen angerauht (wie heute die Sweatshirts), darunter selbstgestrickte Wollsachen – Pullover und Strümpfe.

Erst wenn die Dunkelheit anbrach, verließen wir Kinder das Eis oder die Rodelberge des Zahdener Höhenzugs. Papiertaschentücher gab es damals noch nicht. Um Abhilfe zu schaffen bei den ständig laufenden Nasen, mußten die Ärmel der Kleidungsstücke herhalten.

Durchgefroren mit roten Wangen kamen wir nach Hause und in die warme Stube, wo ein stets in Betrieb gehaltener Kachelofen für wohlige Behaglichkeit sorgte. Dann stellten wir uns gerne einen Stuhl an den Ofen und hielten die Füße an die Kacheln, so wurden sie schnell wieder warm.

Was wurde gegessen in jener Zeit? Es gab abends heiße Milchsuppe mit Mehlklößchen (Kliebensuppe), welcher ich nicht viel abgewinnen konnte. Gerne trank ich heiße Milch oder Kakao und hatte ein Mettwurstbrot dazu. Die Erwachsenen aßen auch gerne Bratkartoffeln am Abend, heiße Brühe, na ja, die wurde getrunken, aber auch Brühsuppen waren im Winter beliebt. Jedoch kalte Getränke, wie heutzutage beliebt, danach hatte im Winter niemand Verlangen.

Wir Kinder hatten eine schöne Zeit in Niederzahden – auch noch während der ersten Kriegsjahre, als noch keine Stalin-Orgeln von der Buchheide herüberkamen mit garstigem Geheul. Auch Sorgen hatten wir nicht, denn für Essen und Trinken sorgten die

Erwachsenen. Nur in die Schule mußten wir gehen, und wir mußten gehorchen, den Lehrern (es gab noch Prügel mit einem Weidenstock), den Eltern, in meinem Fall der Mutter (Vater war Soldat), und das war für uns selbstverständlich.

Unsere Tage verliefen friedlich mit vielen Spielen am Oderufer. Wir zeichneten uns Humpelkästen in den Sand und warfen eine Porzellan-Scherbe in einen der Kästen. Versteckspiel und Greifen waren immer beliebt und »Dreht euch nicht um, der Plumpser geht rum«, auch »Kaiser, König, Edelmann, Bauer, Bürger, Bettelmann«. Gerne im Frühjahr und Sommer gingen wir den Berg hinan, um Blumen, Kornblumen, Mohn und Schlüsselblumen zu pflücken, wovon wir uns Kränze flochten und sie uns auf den Kopf setzten. Im Winter war Schlittenfahren und Eislauf angesagt.

Winter 1944/45

An vielen Abenden dieses Winters saßen Mutter und Schwester zusammen und machten Handarbeiten, wenn ich längst im Bett war.

Nun wurden Rucksäcke genäht mit der Nähmaschine; für jedes Kind einen und einen für Mutter.

Diese wurden später gefüllt mit Unterwäsche, Strümpfen, Pullover und eben dem allernotwendigsten, was man braucht in dem Fall, wenn wir flüchten müßten und uns der Pferdewagen weggenommen werden sollte.

Zu Fuß weiterziehen mit dem wenigen, was man auf den Schultern tragen konnte, ein schrecklicher Gedanke. Mein Rucksack war der kleinste, doch ist er mir später auf dem langen Weg zurück nach Hause sehr schwer geworden, aber davon an anderer Stelle.

1944

Ende des Jahres 1944 wurden viele Niederzahdener Familien – vorwiegend Frauen und Kinder mit Militärfahrzeugen nach Westdeutschland gebracht. Einige ältere Leute sind zurückgeblieben, wollten nicht von zu Hause fort. Die Bauern mußten sowieso bleiben; sie sollten ihre Felder noch im Frühjahr bestellen – wegen der Angriffe auch nachts. »Wer weggeht, wird enteignet« wurde ihnen gesagt, und niemand traute sich, loszufahren mit dem Pferdewagen. So einfach war das. Unsere Mutter war allein mit uns drei Kindern und einem jungen Helfer. Vater mußte Militärdienst leisten. Meine Schwester war nun schon sechzehn Jahre alt und konnte ihr ein bißchen zur Seite stehen. Mein Bruder war vierzehn Jahre alt, ich zehn.

Vier Jahre hat unsere Mutter den Hof alleine verwaltet, und wenn ich das aus heutiger Sicht betrachte, hat sie alles richtig gemacht; alle Entscheidungen – auch später beim Treck – waren richtig.

Die Felder zu bestellen war gar nicht mehr möglich, wegen der vielen Angriffe. Die bäuerlichen Stallarbeiten mußten natürlich verrichtet werden, damit das Vieh versorgt war.

Nun kam die Zeit, daß wir nicht nur nachts den Luftschutzkeller aufsuchen mußten, sondern auch am Tage. Schlimm waren die sogenannten »Stalin-Orgeln«, die aus der Buchheide südöstlich von Stettin abgeschossen wurden mit fürchterlichem Geheul, an das ich mich auch heute noch sehr gut erinnern kann. Aber auch Bomber kamen am Tage. An manchen sonnenhellen Tagen waren Fallschirm-Springer zu beobachten.

Selbst die Trecks auf der Autobahn, die von Ostpreußen und Hinterpommern über die Oder kamen, wurden angegriffen, und es kamen viele, der Strom riß nicht ab, Tag und Nacht – Wagen an Wagen.

Seit Herbst 1944 zogen sie gen Westen mit ihren Planwagen. Wir Kinder gingen an Vormittagen oft zur Autobahn und guckten uns das an: Es saßen alte Frauen auf den Fuhrwerken, Pferde waren müde, konnten kaum noch laufen, kleine Fohlen suchten ihre Mütter – wieherten verzweifelt. Nun wurden manche Nacht Schlafgäste aufgenommen. Die gute Stube wurde hergerichtet. Unsere Mutter holte Kinderbetten, Matratzen vom Boden und Bettzeug, damit Familien, die seit Tagen unterwegs waren oder gar Wochen, sich einmal ausruhen konnten. Sie hat sie alle versorgt und ihnen gut getan. Ich erinnere mich an eine Familie aus Hinterpommern, eine junge Frau mit Kindern und ihre Eltern. Junge Männer gab es nicht – die waren im Krieg. Morgens nach dem

Frühstück spannten sie ihre Pferde wieder an, auch den Tieren hat es gut getan, einmal ausruhen zu dürfen auf warmem Stroh.

Die alte Frau verabschiedete sich von uns, bedankte sich herzlich bei Mama, und ich hörte den Wunsch, daß wir doch hoffentlich hier von der Westoder nicht auch noch wegziehen müßten.

In meinen Kinderohren klang dieser Wunsch nicht gar so günstig; insgeheim beneidete ich die Menschen ein bißchen, die alle mit dem Planwagen weiterzogen. Wer weiß wohin. Vielleicht ist es dort interessant, und es ist immer etwas los. Kurz und gut, gerne wäre ich auch mit so einem Wagen mitgefahren. Sicher, es war Krieg, aber wieviel weiß man als Kind davon, es kann ja sein, daß dort, wo die hinfahren, kein Krieg ist.

Weihnachten

An die Weihnachten meiner frühen Kindheit kann ich mich kaum erinnern. Das Weihnachtsprogramm verlief ja grundlegend immer im gleichen Sinne. : Zuvor wurde in der großen Küche gebacken, große Plattenkuchen, wobei für mich immer der Streuselkuchen der wichtigste war; das hat sich bis zum heutigen Tag nicht geändert. Auch Pfefferkuchen wurden gebacken. Für solche Großback-Aktionen war es gut, daß ein großer steinerner Backofen vorhanden war, den Mutter von einem guten Handwerker hat setzen lassen. Dann wurden zu Weihnachten auch

Gänse geschlachtet. Mutter hatte immer viel zu tun; ich bekam wenig davon mit, denn ich war ein Draußenkind und Schnee und Eis gab es zu Hause in Niederzahden immer im Winter.

Die Wochen vor Weihnachten waren schon spannend. Daß da Heimlichkeiten stattfanden, wurde von mir kaum bemerkt. Nur ich kann mich erinnern an die Weihnachtszeit 1944. Mama und Anni waren immer lange auf, und es kam auch manchmal Besuch. Sie bastelten etwas. Ich schlief nebenan, konnte aber nicht erraten, um was es ging. Es wurde viel gelacht und gekichert. Es fiel auch öfter der Name ›Frau Koch‹.

Hierzu muß ich erläutern, daß wir oben im Haus Einquartierung hatten. Eine Evakuierung aus Stettin, eine junge Frau mit ihrer kleinen Tochter. Die junge Mutter arbeitete wohl tagsüber in der Stadt, aber ihre Mutter, eine recht umfangreiche, füllige, freundliche alte Dame – war immer anwesend. Wegen der vielen Bombenangriffe auf Stettin wurden die Städter teilweise in die umliegenden Ortschaften evakuiert. Na, und diese alte Dame hieß ›Frau Koch‹. Das Ergebnis der Weihnachtsbastelei und des Rätsels Lösung wurde am Heiligen Abend sichtbar für mich. Spielzeug zu kaufen war in dieser Zeit nicht mehr gut möglich; man sollte nicht mehr so häufig in die Stadt fahren. Und Geld wurde sinnvoller für warme Kleidung, Stiefel, Socken, Schals, Mützen etc. ausgegeben. Aus diesem Grund bekam ich eine selbstgebastelte Puppe, worüber ich mich herzlich freute. Sie war mit Sägemehl gefüllt/ausgestopft, wobei ihr

Trikot-Bauch sehr nachgegeben hatte; kurz, sie war etwas zu dick geraten. Mir machte das nichts aus, und diese Puppe bekam den Namen ›Frau Koch‹. Vor dem Heiligen Abend war die gute Stube zur Oder raus abgeschlossen. Wenn wir abends hinein durften, war es sehr feierlich. Da stand der große Tannenbaum mit dem Engel, den bunten Kugeln und Lametta und Kerzen dran. Der große Eßtisch in der Mitte des Zimmers war beladen mit den Geschenken. Jeder bekam einen bunten Teller mit Plätzchen und Naschereien und natürlich Geschenke. Dann wurden die Weihnachtslieder gesungen. Es war feierlich und wunderschön.

März 1945

Die Front kam näher; unsere Situation wurde ernster. Ein ständiges Hin und Her, zunehmende Unruhe und Unsicherheit breitete sich unter den Menschen im Dorf aus. Sie sprachen miteinander über das Verlassen des Dorfes. Es hieß damals nicht Flucht, denn über die Oder würden die Russen nicht kommen; so wurde den Menschen hier durch das Radio in den Nachrichten mitgeteilt und immer noch »wer seinen Hof verläßt, wird enteignet«!

Jeder sorgte und plante, was alles auf dem Fuhrwerk mitgenommen werden müßte. Und das war viel. Kastenwagen wurden vollgepackt mit Lebensmitteln, Eingemachtem, Zucker, Mehl, Korn, Kartoffeln, Pferdefutter, Hausrat, Töpfe Pfannen, Kleidung, Decken,

Bettzeug – Noch war es kalt des Nachts. Oben drüber wurde der gute Teppich gelegt und befestigt, obwohl die ganze Aktion zunächst so gedacht war, daß wir nur ein paar Kilometer weiterziehen, um bald wieder zurück zu kommen; ja, mit der Hoffnung im Herzen »wir kommen bald wieder zurück und über die Oder kommen die Russen nicht«. Niederzahden liegt unmittelbar an der Oder, so war andererseits zu erwarten, daß die Kämpfe hier besonders hart werden könnten.

Schützengräben wurden angelegt im Dorf und hinter dem Dorf von deutschen Soldaten. Als wir Kinder noch umherziehen durften auf der bewaldeten Anhöhe hinter dem Dorf, ließ uns der diensthabende Soldat einmal durch das große feststehende Fernrohr gucken. Wir sahen allerdings keine Feinde, aber die Autobahn war ganz nah und die Oderwiesen. Es war sehr interessant, und stolz fühlte man sich.

Anfang März wurde mein Bruder mit anderen Jungen und Mädchen notkonfirmiert, denn die Front kam näher!

***

Hier möchte ich noch einfügen: Es muß Anfang des Jahres 1945 gewesen sein (Februar oder März), da besuchten wir abends unsere Tante H. und Onkel A. am Ortsende. Unsere Mutter und wir drei Kinder. Als wir spät gegen 22 Uhr wieder zurück nach Hause gingen, ertönte plötzlich aus dem Dunkel heraus eine Stimme: » Halt, wer da?« Es war ein wachhabender deutscher Soldat, welcher nur seine Pflicht tat, aber einen Feind witterte. Wie leicht hätte er uns versehentlich erschießen können. Er war aber beruhigt, daß es nur eine Frau mit Ihren Kindern ist und riet uns, nicht mehr im Dunkeln hinauszugehen.

April 1945

Die Flucht mußte unsere Mutter alleine organisieren; Vater war beim Militär, zuerst in Rußland, dann in Holland.

Und nun hatten wir den 15. April 1945 – spät, viel zu spät, um wegzugehen und den doch sicheren Westen noch zu erreichen.

Die bitteren Kämpfe um Stettin begannen. Woher sollten wir wissen, daß die Russen weiter südlich schon die Oder überquert hatten, denn Nachrichten gab es kaum noch. Das Vieh war bereits aus den Ställen getrieben worden. Eines Morgens, sehr früh gegen fünf Uhr, klopfte jemand hart und heftig an die Fensterläden. Es war unsere Tante, sie rief laut: »Lisbeth, wir spannen an!«

Der Tag war also gekommen, wir mußten los, also auch wir mußten unser Dorf verlassen. Wir fuhren mit unserem Fuhrwerk die Anhöhe hinauf über den Nachbarort Hohenzahden, nach Schmellenthin, ein Dorf ca. vier Kilometer von Niederzahden entfernt. Hier versammelten sich viele bäuerliche Familien mit ihren Wagen. Ältere Leute, Großeltern, waren auch dabei. Mein Großvater kam nicht mit; er wollte nicht, ersagte: »Hier bin ich geboren, und hier werde ich sterben.« Es kam später anders, als er dachte, aber davon weiter unten.

Alleinstehende Bäuerinnen hatten entweder ihre Söhne (15 bis 17jährige) oder einen landwirtschaftlichen Helfer.

Von Schmellenthin gingen täglich einige zurück, entweder mit dem Fahrrad oder auch zu Fuß, um noch Sachen aus ihren Häusern zu holen (viel Wertvolles ist auch vorher schon vergraben worden). Dieser Weg zurück war sehr gefährlich, denn die Zurückkommenden erzählten, daß die Autobahnbrücke über die Oder gesprengt worden ist, ebenso der Kirchturm von Hohenzahden, damit die Russen keine Orientierung haben sollten. Noch waren sie in der Buchheide, südöstlich von Stettin versteckt.

Wir hielten uns nun auf einem bereits verlassenen Bauernhof auf; es gab dort noch Kühe, die gemolken und gefüttert werden wollten.

Mitten in der Hölle!

20. April 1945

In dem Dorf Schmellenthin verbrachten wir einige Tage. Das Vieh war inzwischen aus den Ställen getrieben worden.

Nun der 20. April – Hitlers Geburtstag – ein Tag, den ich mein Leben lang nicht vergessen kann, denn früh morgens, sehr früh, begann die Groß-Offensive in der Oder-Region um Stettin.

Kanonendonner, Trommelfeuer, Stalin-Orgeln, Tiefflieger, es war die Hölle, und wir saßen mitten drin. Viele Stunden verbrachten wir im Keller unseres erwählten Quartiers – bis über Mittag 13.00/14.00 Uhr, dann wurde es ruhiger. Mutter sagte: »Wir spannen an und fahren weiter, westwärts.« Unser Ziel war das kleine Dorf Wollin bei Penkun an der Autobahn. Das sind ca. 30 Kilometer. Dort hatten wir Verwandte, mit denen unsere Mutter vorsorglich schon Kontakt aufgenommen hatte.

Wir fuhren Landwege über Ladenthin – Barnimslow – Hohenholz etc.! Unterwegs, wohin wir auch blickten, überall brannte es – ringsherum in den Dörfern standen Gebäude in Flammen.

Gott sei Dank kamen wir am Abend heil bei unseren Verwandten an. Dort war es noch verhältnismäßig ruhig in Bezug auf die Kämpfe, aber auf diesem Bauernhof war das Haus schon voll. Andere Verwandte aus Hinterpommern waren auch schon eingetroffen.

Trotzdem wurden auch wir noch freundlich aufgenommen und ernährt, was zum Glück auf einem Bauernhof möglich ist. Einmal hat Tante Agnes Tauben gebraten; jeder bekam eine von uns Kindern. Die hat wunderbar geschmeckt, daran denke ich heute noch gerne. Für uns Kinder war auch alles nicht so schwer, weil die Sorgen doch bei den Erwachsenen lagen.

Die Ruhe in Wollin dauerte nicht lange. Nach einigen Tagen schlug ein Geschoß in die Scheune eines Bauern ein; sie brannte lichterloh. Vieh wurde schnell aus den Ställen getrieben und lief dann ziellos im Dorf herum, Kühe, Schweine, Pferde, alles durcheinander.

Jetzt mochte von uns niemand mehr bleiben. Drei Fuhrwerke wurden zur Abfahrt vorbereitet. Am nächsten Abend, dem 25.4., zogen wir los. Insgesamt waren wir zwölf Personen. Westwärts von Dorf zu Dorf. Haustiere waren ringsumher unterwegs, wurden auch Richtung Westen getrieben. Tiefflieger beschossen die Trecks. Manches Mal suchten wir Schutz unter Bäumen und Büschen. Abends machten wir Rast auf verlassenen Höfen. Die Mütter sorgten dann fürs Essen, die Männer – auch mein Bruder (14jährig) – für die Pferde.

Morgens ging es weiter in Richtung Neubrandenburg. Vorher noch trafen wir deutsche Soldaten, die uns fragten: »Was machen Sie denn noch hier? Wir sind eingeschlossen, die Russen haben mehrere Kessel gebildet, hier kommt niemand mehr raus!«

Kriegsende

9./10. Mai

Somit war an ein Weiterkommen nicht mehr zu denken. Wir ließen uns auf einem verlassenen Gutshof nieder, wo schon andere Leute angekommen waren. An den Abend kann ich mich nicht mehr erinnern, bin eingeschlafen. Wir schliefen immer auf unserem Wagen.

Der nächste Morgen aber brachte dann große Ereignisse. An diesem sonnendurchfluteten Morgen , ein wunderschöner Tag, kein schießen mehr zu hören, tiefe Ruhe plötzlich, fast unheimlich.

Ein russischer Panzer rollte heran. Wir gingen alle vor das Haus. Ein Mann von militärischem Rang in Uniform, stehend, rief uns zu:

»Achtung, Achtung, der Krieg ist aus –
Rußland hat gesiegt, aber keine Angst haben,
Russen sind gute Menschen!«

Dann rollte der Panzer wieder davon.

Nun war weiter nichts zu tun, als zu bleiben und der Dinge zu harren, die da gewiß kommen sollten.
Frauen, Mädchen, Kinder gingen in die Küche. Wir setzten uns alle auf die vorhandenen Stühle. Ich hatte einen silbernen Ring auf dem Finger; meine

Cousine warf ihn schnell noch in den Kohlenkasten unter dem Herd.

Plötzlich stürmten zwei Russen herein mit lautem Stiefel-Gepolter. Sie fragten nach Uhren und nahmen mit, was sie für wert hielten. Einige der Erwachsenen sollten mitkommen. – Angst!

Bald erfuhren wir, daß sie nach vergrabenen Waffen suchten, und sie dachten, wir könnten darüber Bescheid wissen. Wir aber waren selbst Fremde hier, aber das konnten sie nicht wissen und verständigen konnten wir uns nicht. Es wäre gut gewesen, ihre Sprache zu können.

Ich habe mir den Ring nachher wieder aus dem Kohlenkasten herausgefischt, denn er war mir sehr wichtig – eine Handwerksarbeit!

Begleitende Offiziere dieses russischen Trupps richteten sich in einem Oberstübchen ein. Nach und nach mußten Frauen nach oben; ich wußte nicht, worum es ging. Sie wurden verhört – scheinbar – ausgefragt nach belanglosen Dingen und nach Waffen. Heute weiß ich, worum es ging. Einige kamen schreiend zurück.

11. Mai 1945

Wir versteckten uns im Kartoffel-Keller des Gutshofes (Mütter, Mädchen, Kinder); nur die Männer blieben bei den Pferden im Stall.

Onkel Franz fragte einen Offizier, ob wir zurückfahren dürften nach Hause. Die Antwort lautete: »Ja, aber nur bis an die Oder, nicht weiter!« Wir hatten Glück im Unglück, unser Zuhause lag westlich der Oder. Es wurde angespannt, allerdings behielten die Russen die Pferde, wir mußten Ochsen nehmen, die dort im Stall standen.

Dann zockelten wir los, denselben Weg zurück, den wir gekommen waren. Drei Fuhrwerke. Unterwegs brannten viele Häuser, Ställe, Scheunen. Auch Plünderer kamen. Mutter gab ihnen etwas und verständigte sich mit ihnen so gut es ging. Noch hatten wir alles auf dem Wagen, noch blieben wir verschont. Wieder waren wir ca. 13 Tage unterwegs; es ging nur langsam voran mit den Ochsen.

24. Mai

Ankunft in Wollin bei Penkun. Hier sollte eine Rast eingelegt werden. Unsere Verwandten, die hier wohnten und auch die aus Hinterpommern blieben hier sowieso; wir mußten ja noch weiter – direkt bis an die Oder.

Es kam nun anders als geplant. Von russischen Soldaten wurden wir empfangen. Die Wagen sollten in die Scheune gebracht werden und dann wurde geplündert.

Man sagte uns, besser man befahl uns, wir sollen nach Battinsthal – einem Nachbarort – gehen. Dort gibt es viel Arbeit. Es seien viele tote deutsche Soldaten zu begraben. Dann gingen sie weg.

Kurz danach kam ein Mongole, bewaffnet mit einem Karabiner. Meine Schwester sollte mitkommen (16 Jahre alt war sie).

Unsere Mutter stellte sich vor ihre Tochter; er zielte auch, sie sagte:
»Dann schieß doch!« – welch einen Mut hatte diese kleine Frau. Mein Bruder und ich standen einen Schritt dahinter. Ich schrie aus Leibeskräften und er auch. ... Langsam nahm der Soldat den Karabiner wieder runter und ging weg.

Wieder versteckten wir uns hier im Kartoffel-Keller. An den Fenstern gingen die Soldaten vorbei. Die schweren Stiefel waren immer schon vorab zu hören und dann zu sehen. Wo waren eigentlich die Männer, frage ich mich. Meine Onkel waren schon älter, hatten den ersten Weltkrieg schon mitgemacht. Jetzt hielten sie sich wohl im Haus oder im Stall auf; ich weiß es nicht. Nach dem Keller-Aufenthalt gingen wir zum Ortsausgang hinter den Häusern zum See. Jemand sagte, wir sollten alle hineingehen, was hätten wir noch zu hoffen. Aber mein Bruder sagte: »Nein, das können wir doch nicht tun!« So blieben wir am Leben.

24. Mai 1945

Über Feldwege gingen wir dann nach Battinsthal, dem Nachbarort. Dort lagen wirklich viele tote Soldaten in Gärten und hinter den Häusern. Es war schrecklich anzusehen. Der Ort schien menschenleer zu sein; wir sahen niemand lebenden. Nun wieder zurück und zum Wolliner Friedhof, der ein Stück außerhalb des Dorfes lag.

Auf einer Grabstätte, die mit einer hohen Hecke eingefaßt war, kauerten wir uns dicht aneinander und blieben hier bis zum Abend. Von unserem Wagen, der in der Scheune stand und auf dem nicht mehr viel übrig geblieben war, wurden dann Mäntel und Decken geholt sowie unsere Rucksäcke. Mittags hatte mein Bruder etwas zu essen geholt von unserer Tante im Haus. Er war ja auch erst knapp 15 Jahre alt; froh waren wir, wenn er wieder heil zurück kam. Dicht aneinander gerückt verbrachten wir die kühle Nacht auf dem Friedhof und auch noch den zweiten Tag. Die liebe Sonne verließ uns nicht, sie verkündete uns wieder einen neuen Morgen und diesen neuen Tag trotz aller Unbill. An diesem Abend sagte meine Mutter: »Morgen früh, wenn die Sonne aufgeht, gehe ich mit meinen Kindern nach Hause, nach Niederzahden!« –

Sie hätte unsere Verwandten gerne mitgenommen, doch sie wollten in Wollin bleiben, denn nach Hinterpommern durften sie ohnehin nicht.

Nach zwei Tagen und zwei Nächten auf dem Friedhof verabschiedeten wir uns morgens am 26. 5. gegen

6.00 Uhr, brachen auf zur Autobahn, das sind etwa 4 Kilometer.

Hier möchte ich noch einfügen, daß wir Tante und Cousinen erst wiedersahen 1968 in der DDR!

Jetzt brauchten wir nur noch geradeaus zu gehen; ca. 30 km lagen vor uns. Weder Nahrung, noch Getränk hatten wir dabei. Lediglich eine Flasche mit Essig hat Mutter mitgenommen. Hin und wieder sollten wir uns die Lippen damit etwas anfeuchten.

Die Sonne stieg höher, es wurde heißer. An der Autobahn lagen viele Tierkadaver, meistens Pferde mit aufgeblähten Bäuchen, belagert von bunten Fliegen – es stank bestialisch.

Wir gingen Stunde um Stunde; das wandern auf dem Autobahn-Beton war keine Freude. Durst und Hunger machten sich bemerkbar. Der Rucksack wurde schwer und schwerer; unser Weg war noch weit, sehr weit. Penkun hatten wir hinter uns, vor uns Nadrense, also hatten wir noch nicht die Hälfte des Weges geschafft.

Zum Glück hielt uns niemand an; trotzdem war die Furcht unser ständiger Begleiter. Wer weiß, was uns noch erwartet. Ungewißheit an jedem Tag, in jeder Stunde, in jeder Minute.

26. Mai 1945

Die Furcht, angehalten zu werden, von einer Patrouille der Sieger oder von einzelnen Soldaten, irgendwohin gebracht zu werden, getrennt zu werden, Leid und Schmerz ertragen zu müssen, diese Furcht war allgegenwärtig. Dieser psychische Zustand beeinträchtigte und beschwerte unseren Weg zusätzlich, neben Durst und Hunger. Dazu noch die große Hitze; die Sonne brannte unerläßlich auf den Autobahn-Beton. Die verendeten Tiere – vor allem Pferde – stanken bestialisch.

Unsere Mutter hatte große Sorgen, wieviel Verantwortung hatte sie zu tragen seit 1941 als unser Vater zum Militär mußte. Den Hof hatte sie zu verwalten mit vielen Beschwernissen, mit fremden Hilfskräften, die nicht unsere Sprache verstanden. Es war viel Arbeit, viel zu organisieren und zu entscheiden. Wenn der Winter herankam, mußten die Kinder warme Kleidung haben; sie besorgte alles. Die Verkäuferinnen waren dankbar, wenn hin und wieder eine Mettwurst für sie abfiel. Eine nette freundliche in mittlerem Alter besuchte uns bald einmal am Wochenende. Wir freuten uns stets über solche Abwechslung.

Viel später erst, als ich erwachsen wurde, habe ich die Sorgen der Mutter nach und nach verstanden.

Der Handwagen

26. Mai 1945

Und nun gingen wir unsere Straße, die Autobahn, immer geradeaus, unter sengender Sonne. Uns und sich selbst heil nach Hause zu bringen, trug die Mutter Sorge. Das wußte ich und nörgelte nicht ob des langen Weges und des schweren Gepäcks (mein Rucksack). Hin und wieder durften wir etwas auspacken und zurücklassen, aber die Essigflasche hat sie gehütet, ihre irgendwie vorhandene Überlebenshoffnung setzte sie auf diese Flüssigkeit, die kein Getränk war.

Nein, ich war ein stilles Kind, ich nörgelte nicht, ich betete. Und »Gott sei Dank« hatte sie jedem von uns das Beten beigebracht, als wir noch klein waren. Die Mutter machte uns immer wieder Mut: »Wir werden es schon schaffen, Kinder, und wenn wir auch nichts zu trinken haben, es tut schon ein bißchen gut, wenn wir uns die Lippen anfeuchten!« –

Heute denke ich, daß alle ihre Entscheidungen richtig waren. Die Träger vom Rucksack schnürten meine Schultern immer mehr; das Gehen fiel mir schwer. Ich sagte nichts, aber ich betete still für mich: »Lieber Gott, mach doch irgend etwas, daß nicht alles so schwer ist; ich kann das nicht mehr tragen.«

Nachdem wir noch ein Stück gegangen waren, vielleicht zehn oder fünfzehn Minuten, stand plötzlich rechts am Weg auf unserer Seite ein Handwagen, völlig intakt mit vier Rädern, den irgendein Mensch dort hat stehen lassen, aus welchem Grund auch immer.

Nun mag der eine oder andere meinen, welch ein glücklicher Zufall; für mich war das weder ein Zufall noch Glück, sondern eine glasklare Antwort, an die ich mich in meinem ganzen künftigen Leben immer wieder erinnert habe. –

Wir packten unsere kärgliche Habe in den – vom lieben Gott – bereitgestellten Wagen und brauchten uns nicht mehr aufzuhalten, auch rasteten wir nicht mehr, denn nicht weit vor uns sahen wir den Ort Kolbitzow (eine Bahnstation der Strecke Stettin – Berlin). Wir erkannten schon von weitem, daß man hier auf der Autobahn bei Kolbitzow eine Kontroll- oder Grenzstation eingerichtet hatte, vielleicht sollte hier niemand mehr vorbei. Einige Fuhrwerke hielten dort. Wahrscheinlich mußten alle dort halten und ihr Ziel angeben, denn nur ca. zwölf Kilometer weiter führte die Autobahn über die Oder und da hinüber nach Hinterpommern sollte wohl kein Deutscher mehr. –

Heute kann man sich leicht vorstellen, daß die Gebietsverteilung auf höherer Ebene bereits stattgefunden hat. Was aber wußten wir schon davon in dieser Zeit? Wir kamen bald an dieser Kontrollstation auf der linken Seite vorbei; niemand nahm Notiz von uns. Die Russen waren wohl mit den Besitzern der größeren Fuhrwerke so beschäftigt, daß sie uns übersahen. Wir gingen einfach weiter; niemand bemerkte uns.

Unser Haus steht noch

26. Mai 1945

Die Mittagssonne brannte erbärmlich; der Durst war unerträglich. Meine Schwester litt so furchtbar, daß sie – wo immer sie etwas wäßriges erblickte (ein kleiner Teich, eine Pfütze) – davon trinken wollte. Mit viel Mühe und Kraftaufwendung hielt Mutter sie zurück. Es wäre auch ihr sicherer Tod gewesen bei all dem toten Getier, das herumlag und mit vielen bunten Fliegen u. a. besetzt war. Wie schwer uns auch zumute war, seitdem wir den Handwagen besaßen, war doch wenigstens in einer Hinsicht Erleichterung zu spüren. Noch einige Kilometer bis zu unserer geliebten Oder, die wir Kinder so sehr liebten, ebenso die Großeltern, Urgroßeltern usw.

Seit über 300 Jahren waren die Bauernhöfe im Privatbesitz.

Kurz vor der Oderbrücke verließen wir die Autobahn, gingen die Böschung hinunter, bei unserer Kiesgrube.

Unten wurden wir von einem russischen Offizier empfangen. Er war sehr freundlich, fragte aber viel nach dem Woher und Wohin. Unsere Mutter sagte ihm, daß wir hier in Niederzahden zu Hause sind und dahin wollen; nach Hause. Er sprach ein wenig Deutsch, begleitete uns auf unserer letzten Etappe – ein Feldweg, wohl noch ein halber Kilometer bis zum Dorf.

Nun wurde die Spannung groß: »Wird unser Haus noch stehen?« An der ersten Biegung im Dorf, wo die Oder dicht an der Straße entlang fließt, wollte meine Schwester gleich zum Fluß und trinken. Mutter schrie sie an: »Nur nicht trinken, nur nicht trinken, Kinder, der Fluß ist verseucht!« Und sie hatte recht; es schwammen auch dort tote Tiere.

Die Häuser waren arg zerschossen, einige gar nicht mehr da – Fachwerkhäuser verbrannt.

Also auch hier hat der letzte harte Kampf um die Oder-Überquerung stattgefunden, denn die Brücken waren ja von den Deutschen noch gesprengt worden. Vom anderen Ufer und aus der Buchheide drüben kamen die Geschosse.

Kaum ein Haus war ohne Einschuß, aber die meisten standen noch. Nachdem wir die ersten Grundstücke und Höfe am Ortseingang passiert hatten, konnten wir nach der Straßenbiegung – auch die Oder macht hier einen leichten Knick – schon Großvaters Haus und danach auch unseres sehen. Sie standen noch!

Tränen rannen uns über die Wangen, Tränen der Freude, der Erschöpfung, des Angekommenseins – zu Hause sein zu dürfen, egal wie es auch aussah und was uns erwartete: »Wir sind zu Hause!« – Nichts auf der Welt kann schöner sein.

Wenn ich heute an meine vielen späteren gesundheitlichen Erschöpfungszustände denke, dann ist es mir rätselhaft, daß ich diese Tour von dreißig Kilometern in großer Hitze zu Fuß geschafft habe. Aber nicht nur ich, wie mag meine Mutter gefühlt haben, meine Schwester; am stärksten, glaube ich, war mein Bruder in unserer Reihe und dennoch, ohne Wasser. Gesprochen haben wir alle kaum darüber. Pommern, wortkarg!

26. Mai

Unser Haus stand noch, allerdings mit zwei großen Löchern, eins im Dach und eins auf der Giebelseite. Menschen sahen wir nicht, wo waren sie alle? Vielleicht sind die wenigen Alten, die zurückgeblieben waren, schon umgekommen? Aber nein, unser Großvater lebte. Später erzählte er uns von dem Geschoß, das ihn beinahe getötet hätte.

Wir gehörten wohl zu den ersten, die vom Treck zurück kamen. Leider konnten wir noch nicht zu unserem Haus gehen; unser russischer Begleiter bedeutete uns, daß wir dort nicht hinein könnten, es sei besetzt. Das große Haus von unserem Großvater, vor dem wir jetzt standen, war auch besetzt. Hier hatten sich der Kommandant und einige Offiziere einquartiert. Unser Begleiter gehörte dazu.

Im Stall
Zwei Wochen im Stall!

Die Pächter-Familie, die von Großvater die Gärtnerei gepachtet hatte und auch im Haus wohnte, mußte wohl oder übel in den Schweinestall umziehen, da wo sonst Kühe oder Schweine lebten. Und doch schien es, daß sie in einem guten Nebeneinander mit der russischen Elite lebten. Es war ein älteres Ehepaar mit einer erwachsenen Tochter. Sie sind nicht geflüchtet, weil die Frau Russisch sprechen konnte, was ein großer Vorteil war in jener Zeit. Nun zogen wir vier in den Stall mit ein. Es waren Betten aufgestellt und Matratzen hingelegt, soweit Platz war. Die Leute hatten sich gut eingerichtet. Wohlwollend nahmen sie uns auf in ihrem Stall-Domizil und sorgten bereitwillig für weitere Liegeplätze. Ich glaube, sie freuten sich, daß noch ein paar Menschen ihr ›Leid‹ teilen würden.

An der Stelle, wo vorher Schweine eingesperrt waren, stand jetzt ein Kochherd, Töpfe und Küchen-Utensilien drum herum. Wir bekamen zu essen und zu trinken, aber was, das weiß ich nicht mehr. Unsere Ankunft war wohl gegen 13.30 Uhr. An diesen sonnenreichen Tag, d. h. an den zweiten Teil dieses sonnenreichen Tages, kann ich mich nicht weiter erinnern; ich habe nur noch geschlafen – tief und fest bis zum nächsten Morgen, mit nur kurzer Unterbrechung, denn es wurde in der Nacht heftig an die Stalltür geklopft – russische Stimmen, laut und wodka-durchtränkt wollten etwas. Sie feierten im Haus und hätten gerne Frauen und Mädchen dabei. Die Stalltüren jedoch waren gut verschlossen. Frau Adam, russisch-sprechend, sagte ihnen, daß die Frauen müde seien, sie können nicht kommen und da es sich um Menschen von Bildung handelte, gaben sie sich damit zufrieden. So gab es nachts ein wenig Unruhe, gleichzeitig aber hatten wir auch einen Schutz.

27. Mai

Am nächsten Tag guckten wir nach unserem Haus. Hinein konnten wir nicht; es war besetzt. In den Ställen standen die Pferde der Russen. Auch die Häuser unserer Verwandten waren besetzt, wo wir sonst noch hätten bleiben können. Sie waren alle noch nicht vom Treck zurück. Wir verbrachten etwa acht oder zehn Tage in diesem Stall.

Eines Tages sollten unsere Mutter und die junge Frau Adam in dem Elternhaus meiner Mutter für die Russen etwas kochen. Sie gingen hin, kochten und backten auch Blinis (russische Plinsen; ich habe noch eine abbekommen, die schmeckte wunderbar), die ihnen sehr mundeten. Nach dem Essen wollten sie nun auch noch die beiden Frauen verkosten; beiden aber gelang es, zu entkommen. Ich sehe noch heute im Geist, wie Mama und Meta die Dorfstraße heruntergelaufen kamen, eilends den schützenden Stall zu erreichen. –

Als Kind streift man gerne herum im Dorf, in den Gärten und weiter oben über die Felder; das aber durften wir jetzt nicht, obwohl, es reizte schon. Jedoch überall in den Gärten, hinter den Häusern und auf der Anhöhe gab es Schützengräben und auch natürlich Minen. Hart ist hier gekämpft worden, um diese Linie zu halten, und doch umsonst. Die Oder als letzte Barriere sollte helfen, den Krieg zu gewinnen, welch ein Unsinn!

Hier war sie ca. 500 m breit. Nein, wir durften nicht durchs Dorf gehen und nicht in den Gärten herumlaufen. Tierkadaver lagen noch viele herum, belagert von bunten Fliegen und Maden, und stanken. Die Erwachsenen mußten sie begraben, allmählich kehrten auch andere Dorfbewohner wieder zurück.

Unsere Mutter verhandelte mit dem Offizier, der uns von der Autobahn her begleitet hatte und auch Deutsch sprach. Sie wollte endlich erwirken, daß wir wieder in unser Haus einziehen können. Es war erfolgreich. Der Tag kam, an dem es hieß: »Unser Haus ist frei, wir dürfen hinein«.

9. Juni

Wir verließen Familie Adam und ihren gastlichen Stall; Mutter bedankte sich herzlich.

Zwei Häuser weiter und wir waren zu Hause. Daß es im Dach ein großes Loch gab und am Giebel auch, hatten wir ja gesehen, aber wie es drinnen aussehen würde, war nicht auszudenken. – Wir erschraken alle vier. Möbel gab es dort keine mehr. Die Räume waren leer. Kein Tisch, kein Stuhl, das gute Büfett, die Anrichte, Nähmaschine – alles fehlte; natürlich auch Fenster-Vorhänge, Gardinen und Betten. Abgewohnt und abgewirtschaftet und verschmutzt.

Juni 1945

Die Wände mit Tapeten sahen entsprechend aus, vollgekleckert, vollgespritzt. Es gab viel zu tun, aber womit anfangen? Anfangen, alles wieder herzurichten; so gut wie möglich, doch womit? –

Ein Eimer ließ sich bald finden und Wasser gab es genug in der Oder, auch die Pumpe auf dem Hof war intakt, allerdings Reinigungsmittel fehlten.

In Nachbarhäusern fanden wir Matratzen aus unserem Inventar, keine Bettgestelle. Mutter suchte verzweifelt nach ihren Sachen; sie wollte so gerne alles wiederhaben, das war schwer. Aber tatsächlich wurde dies oder jenes Stück in anderen Häusern gefunden, vieles auch in dem großen Bombentrichter neben der abgebrannten Scheune. Die Russen müssen alles hin- und hergeschleppt haben, wo sie es gerade gebrauchen konnten. Manches Möbelstück stand auch irgendwo draußen in der freien Natur. Unter einer Linde stand z. B. ein Klavier; sie liebten es, zu tanzen und Musik zu machen, draußen; es war ja Sommer, und sogar ein sehr schöner.

Wir schliefen nun auf dem Fußboden, was nicht sonderlich schlimm war, aber Stroh gab es auch nicht, denn die Scheune war ja abgebrannt. Eine

Bombe war direkt neben der Scheune eingeschlagen auf dem Weg, der in den Garten führte. Ein riesiger Bombentrichter, in welchem unsere Mutter fündig wurde. Großvater sagte: »Da haben sie viel hineingeworfen«.

Das halbe Büfett, die Anrichte, die Nähmaschine, das Untergestell des großen Tisches, an welchem so viele Geburtstagsfeiern stattgefunden hatten in freundlicherer Zeit, fanden sich in diesem garstigen Loch wieder. Die Tischplatte brachte Großvater in den nächsten Tagen vorbei – sie schwamm auf der Oder, hatte sich in einer Ecke am Ufer im Schilf festgesetzt, wodurch verhindert wurde, daß sie das Stettiner Haff erreichte. Opa war Fischer! »Nach dem Sofa braucht ihr nicht mehr zu suchen«, sagte er; die Polstersachen seien alle zusammengetragen worden und abtransportiert nach Rußland.

Dennoch, ein kleiner Anfang war getan. Wir nächtigten auf dem Fußboden der guten Stube, die zur Straßenseite lag mit Blick auf die Oder. Fensterscheiben gab es natürlich auch nicht mehr. Kuh- und Pferdeställe mußten ausgemistet werden, das tat mein vierzehnjähriger Bruder. Die Ställe sind die ganze Zeit der Besetzung überhaupt nicht gereinigt worden.

Anfang Juni 1945

In den nächsten Tagen erzählte uns Großvater von den Ereignissen während unserer Abwesenheit. Bei den fürchterlichen Kämpfen am 20. April hatte er für einen Augenblick seinen Lehnstuhl neben dem großen Kachelofen verlassen und ging ans Fenster. Ein Geschoß flog plötzlich an ihm vorbei durchs Fenster, zerfetzte seinen Stuhl, auf welchem er ja soeben noch gesessen hatte. Die Einschüsse ins Haus, die Bombe auf dem Hof – er hat das alles ertragen müssen und überlebt, aber das Gehör hat gelitten.

Vorne vor dem Haus war ein kleiner Blumengarten, dort stand in einer Ecke ein Pflaumenbaum und Dahlien blühten in freudvolleren Tagen. Selbst dieser Vorgarten wurde noch in sozusagen letzter Minute von deutschen Soldaten mit einem Schützengraben verschandelt – na ja, sie mußten es tun! Er war schon zugeschüttet als wir zurück waren.

Der Krieg war zu Ende, wir zu Hause, kein Mensch wußte, was werden wird. Es gab keine Nachricht, keine Zeitung, keine Information. Und was tun Menschen in solchem Augenblick? – Anfangen, Hauptsache anfangen, irgendwie, alles wieder heil machen und reparieren und, wenn möglich, auch noch schön machen.

Meine Schwester nahm sich dieses Vorgartens an, fing an umzugraben. Sie stieß auf einen Stiefel, den sie wegnehmen wollte, es ging nicht, sie zog fester und bemerkte, daß in dem Stiefel ein Bein steckte. Entsetzt schreckte sie zurück. Sie war ja auch erst gerade sechzehn Jahre alt. Großvater kam hinzu, erzählte, daß der deutsche Soldat, der in diesem nicht all zu tiefen Graben stand, erschossen worden war. Opa mußte ihn später begraben, auf Befehl der Russen.

Großvater erzählte uns auch, daß eine junge Frau

mit ihren drei Kindern Hand in Hand in die Oder gegangen sei – vor dem Einmarsch der Russen. Sie sind alle vier ertrunken.

Juni 45

Inzwischen waren auch unsere Verwandten zurückgekehrt vom Treck.

Zu meiner Freude waren nun auch meine gleichaltrigen Cousine und Cousin (Zwillingspärchen) wieder da. Wir Kinder wagten uns schon wieder etwas weiter weg vom Haus. Oben auf den Feldern bei den Schützengräben lagen überall Reichsmark herum. Vielleicht haben es die Soldaten weggeworfen, um nicht als Deutsche identifiziert zu werden, denke ich, wer weiß? Es war gar nicht wenig. Wir nahmen es auch nicht mit, es wurde gesagt, es hätte keinen Wert mehr. So blieb es liegen. Schade, später nach 1948 hätten wir das Geld in DM eintauschen können. Wer ahnte das schon im Sommer 1945. Wir ahnten auch nicht beim Herumlaufen, daß hier noch so manche Mine lag. Ein kleiner Junge mit seinem Vater kam dabei um.

Auf unseren Streifzügen kamen wir auch einen kleinen Weg zur Anhöhe hinauf, wo noch ein einzelnes Haus stand – vorher, denn nun war es zerstört und zusammengebrochen. Unter einem Balken bemerkten wir einen Strumpf mit Fuß. Es mußte wohl der alte Rückert gewesen sein, der hier von seinem Haus begraben worden war, sagten wir Kinder uns.

Soldaten

Früher, 1942 bis 1944 marschierten oft deutsche Soldaten (Kompanien) durchs Dorf; sie sangen ihre Lieder: »Auf der Heide blüht ein kleines Blümelein …«, »Die Fahne hoch …«, »Es zittern die morschen Knochen …« etc. Wir Kinder hörten das gern, wir konnten noch nicht unterscheiden zwischen guten und bösen Liedern.

Wir hörten später auch gerne die russischen Lieder, wenn die russischen Soldaten abends durchs Dorf gingen und sangen – wunderschön haben sie gesungen!

Jetzt, im Sommer 1945 gingen auch manchmal deutsche Soldaten durchs Dorf; ja, sie gingen, sie marschierten nicht mehr, aber sie sangen auch nicht mehr. Bewacht von den Russen gingen sie – zerlumpt, entkräftet, in erbärmlichem Zustand in Richtung Autobahn, wohl bis zur nächsten Bahnstation und dann nach Osten, Rußland, Sibirien!?

Das Singen am Abend

Neben aller Unbill dieser Zeit möchte ich gerne auch von einem angenehmen Ereignis berichten. Allabendlich in diesem Sommer marschierte ein Trupp Russen, Soldaten und Soldatinnen, durchs Dorf und sangen russische Lieder, wunderschöne Lieder und wunderschön konnten sie singen. Ich habe es sehr gerne gehört; wir alle freuten uns jeden Abend darauf.

Ein kleines Glück im großen Unglück!

Aber in der Nacht kamen wieder die Plünderer, die uns in Angst und Schrecken versetzten mit ihren scheußlichen Karabinern.

Gefangenen-Trupp

Juni 1945

Es war im Juni, als ein sehr großer Gefangenen-Trupp deutscher Soldaten durch Niederzahden kam – sehr gut bewacht von den Russen. Wie sahen diese Männer aus? Zerlumpt, in Uniformen, die keine mehr waren, lange, verschmutzte und zerrissene Mäntel. Stiefel wurden gerne von den russischen Soldaten genommen, so daß viele nur noch Lumpen um die Füße gewickelt hatten, andere trugen alte, kaputte Stiefel. Ein langer Trupp. Es war traurig mit anzusehen. Sie mußten wohl weit zu Fuß gehen, um dann nach Rußland/Sibirien mit der Eisenbahn gebracht zu werden. –

Als nun diese Gefangenen durchs Dorf zogen, gab ein Junge, nennen wir ihn mal Günter, einem davon ein Stück Brot. Der russische Bewacher aber hatte es gesehen; Günter wurde gleich einkassiert und mitgenommen. Seine Mutter weinte den ganzen Tag um ihren Jungen. Natürlich war allen klar, daß er nun mitgenommen wird nach Rußland.

Aber Günter war pfiffig; im Schutze der Dunkelheit gelang es ihm, sich heimlich davonzustehlen. Er kam am nächsten Tag wohlbehalten wieder bei seiner Mutter und Schwester an.

Siebenschläfer

27. Juni 1945

Bislang war immer gutes Wetter mit viel Sonnenschein in diesem ereignisreichen Sommer gewesen, am Siebenschläfer-Tag aber regnete es ununterbrochen und danach wochenlang.

Weil das Dach durchschossen war, fand das Wasser schnell seinen Weg durch die Zimmerdecke; es tropfte hier, es tropfte dort. Nachts schoben wir die Matratzen (wir schliefen ja auf Matratzen auf dem Fußboden) hin und her, waren ständig auf der Suche nach einem trockenen Platz, denn ein steter Tropfen ins Gesicht, auf die Beine oder Arme raubt jedem die Nachtruhe.

Behältnisse wurden aufgestellt – soweit vorhanden, nur, es wurde mehr und mehr. Die Nässe wurde sehr unangenehm. Mutter war es gewohnt, immer nach Lösungen zu suchen. Ein inzwischen zurückgekehrter Nachbar wurde zu Hilfe geholt, und irgendwo lagen auch noch einige alte Dachziegel herum. Er reparierte das Dach so gut wie möglich; so waren wir bald wieder im Trockenen.

Diesen Siebenschläfer vergesse ich nicht. Aus diesem Grund glaube ich heute noch fest an die Bedeutung dieses Tages.

Oma Bayer stirbt

30. Juni 1945

Onkel Theodor und Familie einschließlich Oma sowie Onkel Karl mit Familie sind zusammen mit den Fuhrwerken die Strecke Pasewalk - Greifswald bis Bartmannshagen bei Grimmen gefahren.

Ende Mai/Anfang Juni kamen sie zurück über Ückermark – Straßburg - Pasewalk. Ein Pferd wurde ihnen genommen von den Polen und ein lahmer Fuchs ihnen gegeben. Sie kamen mit beiden Wagen zurück, brachten sogar noch Hühner mit; einige waren ihnen von Russen weggenommen worden.

Oma Beyer hatte den Treck miterleben müssen, hat ihn auch überstanden, aber bald, nachdem sie wieder zu Hause in Niederzahden waren, wurde sie krank – sie lag im Sterben. Am 30. Juni 1945 starb sie, einundachtzig-jährig. Mama und Tante Hanna kamen, wuschen sie, kämmten sie und zogen sie an für das Begräbnis. Sie war friedlich eingeschlafen, nachdem sie nur eine Woche zu Bett gelegen hatte.

Onkel Theo und Onkel Karl – ihre beiden Söhne – zimmerten aus Brettern eine Kiste, so gut wie eben möglich, die mit Stroh ausgelegt wurde und darüber wurde ein Bettuch gelegt. Der nun noch vorhandene lahme Fuchs zog den Wagen, auf dem sie nach Hohenzahden zum Friedhof gebracht wurde.

Dankbar darüber sind wir alle im Nachhinein, daß

unsere Oma (sieben Kinder hatte sie zur Welt gebracht) noch ihre letzte Ruhestätte neben Opa auf dem Hohenzahdener Friedhof bekommen hat.

Als wir 1991 den Friedhof besuchen wollten: es gibt ihn nicht mehr. Wir fanden nur noch einen verwilderten Wald vor, kein einziges Kreuz war zu sehen.

***

Unsere Nahrung

Wir mußten auch essen, was aßen wir? – Es gab keine Kühe, keine Schweine, kein Federvieh, keine Pferde. Eingemachtes war nicht mehr vorhanden, nur einen Steintopf mit Schweineschmalz holte unsere Mutter aus einem Versteck, denn vor dem Weggehen wurde vieles versteckt und auch vergraben. Kartoffeln vom Herbst 44 lagen noch im Keller. Nach und nach gingen wir hinter den Häusern herum und fanden auch dies oder jenes Nahrungsmittel, das uns weiterhalf. Beim Bäckermeister hinten im Garten z. B. lagen Tütchen mit Puddingpulver, Zucker, Mehl. Rhabarber und einige Früchte wuchsen schon im Garten. Brot konnten wir uns einmal wöchentlich von der Kommandantur holen, zugeteilt nach Personenzahl. Die erste russische Besatzung war inzwischen abgezogen; eine neue Kommandantur war eingerichtet worden in einem anderen Haus. Eine Familie besaß sogar eine Kuh, diese gab auch Milch, so bekamen wir hin und wieder etwas Milch. Für einen Fischer sammelten wir Regenwürmer, dafür bekamen wir Fische. Die Russen fischten auf ihre Weise, es ging ja auch viel schneller; sie verwendeten Sprengstoff, Handgranaten – diese in die Oder geworfen beförderten die Fische eiligst an die Oberfläche und ins Jenseits; sie brauchten nur noch eingesammelt zu werden. Alle konnten sie nicht mitnehmen und so westen viele Fische so vor sich hin. Nein, in diesem Fluß konnten wir in diesem Sommer nicht baden.

Ein Onkel von mir war Friseurmeister. Ich habe mir später Gedanken darüber gemacht, denn sein Beruf war in jeder Situation nützlich. Er wurde gleich zur Kommandantur bestellt, um den höhergestellten Militärs die Haare zu schneiden. Dann bekam er dafür jedesmal ein stattliches Essenspaket mit nach Hause und »für Frau auch!« – sagte der Kommandant.

Später nach der Vertreibung ging Onkel A. zu den Bauern, schnitt die Haare, rasierte die älteren Männer für Milch, Eier, Wurst. Fazit: ›ein nützlicher Beruf, Du kannst nicht verhungern!‹

Eines Tages, im Sommer 1945, fand bei Onkel Karl B. auf dem Hof eine Pferdeschlachtung statt; warum es geschlachtet werden mußte, ist mir unbekannt, es muß wohl schon schwach und kränklich gewesen sein.

Mama sprach davon, daß sie Fleisch holen will, und wir bekamen alle unseren Teil davon ab. Ich glaube, das ganze Dorf hat von diesem Pferd gezehrt?!

Fleisch, wie lange hatten wir schon keins mehr gegessen?

Heute weiß ich, es geht auch so, besser gesagt, man kann auch ohne Fleisch leben, aber dann wenigstens Milch, welche es aber auch nicht gab. Von einem bestimmten Zeitpunkt an gab es eigentlich nur noch Kartoffeln, jeden Tag Kartoffeln (sie waren im Frühjahr noch gepflanzt worden).

Es muß schon Oktober gewesen sein, als die Polen das Gebiet übernommen haben. Ich erinnere mich an einen Tag, als ein Rest Brot von unserem Vater verteilt wurde an uns fünf Familienmitglieder; er wußte kaum, wie er teilen sollte. Schließlich erhielten meine größeren Geschwister jeder noch ein Stück; für mich war dann nichts mehr da und auch für Mutter nicht.

Dieser Augenblick war schlimm, ganz besonders für Vater; er hatte Tränen in den Augen. Irgendeine Menschenseele muß ihm das Brot gegeben haben, denn Zuteilungen gab es nicht mehr.

Dann also Kartoffeln, die im Garten noch herangereift waren. Ich aß mittags fast 20 Stück Kartoffeln mit Salz.

Es war ja Herbst und Obst wurde reif auf den Bäumen: Äpfel, Birnen, Pflaumen, nur, wer wagte sich schon, allein oben in den Garten zu gehen. Die Angst saß uns allen täglich im Nacken; keiner wagte mehr, sich weit vom Haus zu entfernen. Nachts schon überhaupt nicht, denn unsere Oder-Region und besonders unsere hinter den Häusern liegenden Gärten waren durchzogen mit Schützengräben und großen Bombentrichtern. Hier im Dunkeln herumlaufen war zu gefährlich und Minen gab es auch noch.

Die letzten großen Kämpfe um Stettin fanden hier im Oder-Gebiet statt.

Waschen – Duschen – Reinlichkeit

Juni 1945

In Müllers' Haus – zwei Häuser weiter von uns – zogen eines Nachmittags einige Russen ein, fünf oder sechs Mann. Sicherlich aßen und tranken sie und danach war die Körper-Reinigung angesagt. Unbedingt sollten einige Frauen des Dorfes ihnen dabei behilflich sein, und die Aktion verlief folgendermaßen: unten am Ufer-Gestade der Oder stand ein großer Kessel. Nun, ich kann nicht genau sagen, ob der da schon stand oder ob die Soldaten ihn dorthin geschleppt hatten. Jedenfalls ein großer Kessel, in welchem früher Wäsche ausgekocht wurde oder der auch fürs Schweineschlachten Verwendung fand, auch Zuckerrübensirup und Pflaumenmus wurde früher in solchen Kesseln gekocht.

Jetzt aber sollte Wasser hineingefüllt werden mit Eimern; das Wasser aus der Oder wurde genommen und diese Tätigkeit sollten die Frauen ausüben. Ein Feuer wurde darunter gelegt, so war für warmes Wasser gesorgt.

Als der gewünschte Wärmegrad erreicht war, sollten die Frauen es eimerweise ins Haus tragen. Die erste der Frauen, die den Eimer voll Wasser hineintrug, stellte ihn kreischend ab und lief mit Geschrei aus dem Haus. Eine zweite, nun gewarnt, brachte ihren Eimer nur noch bis vor die Haustür. Wie sich herausstellte, hatten die Mannsleut sich bereits völlig entkleidet und zum

Teil schon eingeseift. Die Frauen stellten das Wasser nur noch vor die Tür; das paßte den Russen nicht, dann gab es ein Palaver hin und her, aber die Soldaten amüsierten sich auch über die so furchtbar erschrockenen Frauen, die ihnen eigentlich das Wasser über die eingeseiften Körper gießen sollten.

Wichtig noch zu erzählen, wie ein Abfluß hergestellt wurde: In den Häusern waren früher die Fußböden mit Holzdielen belegt, die rot gestrichen waren. In diesen Holzfußboden schlugen die Soldaten einfach Löcher und fertig war ein Wasser-Abfluß. Die Soldaten zogen dann gesäubert wieder ab. Müllers Haus war also ein Wasch-Haus geworden.

Verwandte aus Hinterpommern mußten aufgenommen werden

Die Juni-Wochen 1945 vergingen. Es war wohl Anfang Juli, als andere Verwandte ins Dorf kamen und Unterkunft suchten, denn sie waren östlich der Oder zu Hause, wohin sie jetzt nicht durften. Und so bekamen wir Einquartierung: Ein älteres Ehepaar mit Tochter (etwa 42 Jahre alt), die später an Typhus starb und zuvor sehr viel weinte um ihren einzigen Sohn, der kurz vor Kriegsende noch bei Wismar gefallen war.

Des weiteren kam eine Tante mit Zwillingen – zwei Mädchen, mit denen ich immer gerne zusammen war. Eine dieser beiden Cousinen starb im September 1945 ebenfalls an Typhus. Das war sehr bitter!

Inzwischen hatte unsere Mutter auch wieder einige Bettgestelle aufgetrieben, zum Teil bei Verwandten oder in verlassenen Häusern. Jedenfalls schliefen wir fast alle wieder in einem ordentlichen Bettgestell. Allerdings für mich blieb nur ein Kinderbett übrig; also Beine anziehen, einknicken, dann ging es.

Typhus-Epidemie

Juli/August 1945

Im Laufe des Juli 1945 brach eine furchtbare Seuche aus – Typhus! Richtiger gesagt mehrere Seuchen, denn es gab auch Diphtherie und Ruhr. Täglich starben im Dorf mehrere Menschen; die Krankheit zog in jedes Haus ein. Einer nach dem anderen legte sich darnieder – auch in unserem Haus – ! Meine Mutter, meine Schwester waren die ersten, die ins Bett mußten mit hohem Fieber. Dann die Tochter des älteren Ehepaars, die stets um ihren noch zuletzt bei Wismar gefallenen Sohn weinte. Und dann all die anderen im Haus. Mein Bruder bekam die Ruhr. Ich blieb verschont. Im Nachbarort Schillersdorf gab es noch einen Arzt, welcher durch die Häuser ging. Er kam zu uns, begrüßte unsere Mutter und stellte seine Diagnose: » T y p h u s «, nichts Fettes essen! Medizin gab es keine, hatte er nicht, dann ging er wieder – das war's!

Wie immer im Leben gab es auch hier wieder zwei Möglichkeiten, entweder man überlebte oder man starb!

Es vergingen Wochen, täglich starben Menschen, die von ihren Angehörigen begraben werden mußten. Anfangs wurden sie noch nach Hohenzahden zum Friedhof gebracht – mit Handwagen, später Verstorbene wurden auf dem Spargelfeld eines Bauern oberhalb des Dorfes begraben; es waren zu viele und die selbst schwachen Angehörigen konnten den Transport zum zwei Kilometer entfernten Nachbarort nicht mehr durchstehen. –

In dieser Zeit ließen sich die Russen nicht sehen, keiner kam zum Plündern, d. h. doch einmal vormittags kam der »Schimmelreiter«. So nannten ihn alle, weil er auf einem Schimmel ritt und im Dorf sehr gefürchtet war.

Ich saß gerade in der Küche beim Kartoffeln schälen. Er kam von der Straße her durch den Vordereingang. Was er sagte, was er wollte, ich weiß es nicht mehr. Er guckte kurz in die Küche, dann ins Zimmer, wo die Kranken lagen und verschwand schnurstracks, blitzschnell wieder!

Es mußte täglich ein Zehn-Liter-Eimer voll Kartoffeln geschält werden; das taten meine Cousine und ich. Dann wurde auch sie krank; ich war allein mit der Arbeit. Eine Tante kam vorbei, um die Kartoffeln auf den Herd zu stellen. Die Glut durfte niemals ausgehen; sie wurde gehütet Tag und Nacht. Streichhölzer mußten immer gut versteckt werden, sonst nahmen die Russen sie mit. – Die Glut der Briketts hielt sich glücklicherweise recht lange.

Wenn in einem Haus neun kranke Menschen liegen – zwar essen sie nicht viel, es gab auch kaum etwas, auch keinen Tee, keine Medizin, nichts was hätte helfen können – das ist furchtbar und kaum zu beschreiben. Die Haare gingen ihnen aus, sie wurden immer dünner – Haut und Knochen. Nur der Darm arbeitete sehr heftig. Eine Spültoilette gehörte in der damaligen Zeit nicht zur Einrichtung auf den Bauernhöfen. Also wurde nun ein Zinkeimer mitten ins Zimmer gestellt, den jeder benutzte. Morgens war er bis zum Rand voll. Ich trug ihn hinaus, leerte ihn auf der Mistkuhle aus – jeden Morgen, es stank entsetzlich.

Die junge Frau aus Hinterpommern schlief immer nur, laut schnarchend. Der Arzt hatte es bemerkt, er sagte, daß das nicht gut sei. Einige Tage später starb sie.

Ende September starb meine Cousine. Sie war erst zwölf Jahre alt, und wir hatten sie alle so gern. Aus Brettern wurde wieder eine Kiste gebaut von Männern, die nicht krank waren; auch mein Großvater hatte keinen Typhus bekommen. Die Kiste wurde mit Heu ausgelegt, darüber ein Bettlaken gelegt und das gute Mädchen hineingebettet. Wir standen alle draußen um den ›Sarg‹ herum, eine Tante kam (eine gute fromme Frau, die sehr schön singen konnte) und hielt einen wunderbaren Gottesdienst. Sie hatte ein so herrliches Lied ausgesucht, es heißt: »Laßt mich geh'n, laßt mich geh'n, daß ich Jesu möge seh'n«. Das alles hat mich sehr ergriffen. So hat dieses Mädchen doch noch einen feierlichen Abschied bekommen, aber niemals eine Blume aufs Grab!

Die Krankheit dauerte ungefähr sechs bis acht Wochen für die, die überlebten. Meine Mutter und meine Schwester waren sehr krank gewesen mit viel Fieber. Haare hatten sie beide nur noch wenig auf dem Kopf, körperlich sehr geschwächt, versuchten sie wieder auf die Beine zu kommen. Mutter, die als erste krank geworden war, stand auch wieder als erste auf. Allerdings ging das Gehen nur mit dem Krückstock und nur sehr langsam voran. Sie mußte erst wieder laufen lernen; die Schwäche war zu groß.

Meine Schwester war im Fieberwahn aufgestanden, ging im Nachthemd in den Garten, um Kartoffeln aufzugraben. Irgend jemand hatte sie wieder ins Haus gebracht. Sie hat die Krankheit überlebt und mein Bruder die Ruhr, die nicht so lange dauerte. Ich war verschont geblieben, hätte diesen schrecklichen Typhus bestimmt nicht überstanden; das weiß ich seit langem.

Läuse

Sommer 1945

Zwischendurch bekamen wir auch Läuse – einer nach dem anderen. Dann sollten wir entlaust werden, und das ging so:

Von der russischen Kommandantur war eine Frau (sie gehörte nicht zu unserem Dorf, wir kannten sie nicht, sie konnte Russisch sprechen, wahrscheinlich war sie Dolmetscherin) beauftragt worden, sich um die Entlausung der Bewohner zu kümmern. Ich weiß nicht, welche anderen Aufgaben sie noch hatte. Sie rieb also meinen Kopf ein mit Rohöl. Es stank fürchterlich. Darüber band sie mir ein Kopftuch sehr stramm um den Kopf – abends zum Schlafengehen. Ich will hier nur von meiner Empfindung sprechen, doch den anderen Mitbewohnern ging es gewiß ebenso.

– An schlafen war nach dieser Prozedur nicht mehr zu denken, denn nun entstand auf meinem Kopf reges Leben; jede Laus rannte, um dem nahenden Tod zu entkommen, einen Ausgang aus diesem vergifteten Urwald von Haaren zu finden, fand aber keinen ob des strammen Tuches. Auf diese Weise war ich die Läuse am nächsten Morgen los!

Fazit: Auch in großer Not, wenn Markt und Apotheken leer sind, gibt es noch Mittel und Wege, die etwas bewirken können und Menschen, die Rat wissen!

Vater kommt nach Haus

Ende August 1945

An einem Sommerabend Ende August hörte ich Stimmen im Zimmer nebenan, wo meine Mutter schlief. Draußen war es noch hell, die Sonne noch nicht untergegangen, aber wir lagen schon alle im Bett, die Kranken sowieso und ich auch, denn was sollte ich anderes tun. Da nun eine Männerstimme zu hören war, ging ich hin, um nachzusehen. Es war mein Vater.

Ich konnte es nicht fassen – wir alle nicht. Er saß auf einem Stuhl neben Mamas Bett und erzählte ihr, wie er sich bis hierher nach Hause durchgeschlagen hat nach der Entlassung aus englischer Gefangenschaft in Holland. Mein Vater war körperlich von großer Statur, 1,86 m groß.

Nun war endlich ein starker Mann an unserer Seite. Mutter war glücklich, wir alle waren glücklich und Vater erst, da er endlich seine Familie gefunden hatte, von der er nicht wissen konnte, wo sie in dieser Zeit sein würde.

Aber nun war er auch erschöpft von der langen Reise und dem zwölf km langen Fußmarsch von der letzten Bahnstation bis in unser Dorf, nach Niederzahden.

Unserer Mutter gab es Mut, tagtäglich versuchte sie nun ein bißchen mit zwei Stöcken wieder auf die

Beine zu kommen. Die Fieberzeit war – Gott sei Dank – vorüber, die Kraft aber fehlte noch, um gehen zu können. Dünn und abgemagert war sie, kaum noch hatte sie Haare auf dem Kopf, aber ihr Mann war da, das gab ihr Auftrieb.

Später erzählte uns Vater vom Krieg, von seinen Erlebnissen. (2. Teil)

Plünderungen

Sie kamen vereinzelt oder in Gruppen – Russen und Polen, um das wenige, was wir besaßen zu holen. Meistens ging es um Uhren und Schmuck. Solches aber war längst nicht mehr vorhanden. Aber auch Streichhölzer, Taschenlampen, Rauchwaren waren gefragt. Ich weiß noch, daß unsere Mutter Kerzenstummel und Streichhölzer sehr verstecken mußte. Wenn Plünderer nichts fanden, waren sie böse, schimpften fürchterlich und machten uns Angst. Leider – wir verstanden doch kaum ein Wort. – Heute denke ich, wie gut wäre es gewesen, wenn man ihre Sprache gekonnt hätte und sich wenigstens ein bißchen hätte verständigen können.

Mädchen und junge Frauen banden sich schwarze Kopftücher um und versteckten sich auf dem Boden oder Heuboden, denn meistens kamen die Plünderer spät abends oder in der Nacht, grölend mit wodkadurchtränkten Stimmen hörten wir sie schon von weitem ins Dorf kommen. Allerdings während der

Typhus-Epidemie kam niemand; davor hatten sie panische Angst.

Danach, ab September 1945 wurde es für uns ganz schlimm. Die betrunkenen Horden kamen fast jede Nacht. Wir schliefen nur noch voll angekleidet, manchmal sogar mit Schuhen. Es war schrecklich, immer nur in Angst zu leben.

Jetzt kamen Polen, keine Russen mehr, denn es war uns ja öffentlich mitgeteilt worden, daß unsere Region, westlich der Oder, unter polnische Besetzung und Verwaltung kommt.

Die russische Kommandantur, die uns auch Schutz bedeutet hatte, war im September abgezogen. Von nun an gab es auch keine Brot-Zuteilung mehr. Die Hunger-Zeit begann. Jeder mußte sehen, wie er und wovon er einigermaßen satt wird. Die Menschen besuchten sich nicht mehr gegenseitig. Aus Angst und Sorge blieb jeder in seinem Haus. – Unsere Eltern mochten noch immer nicht glauben, daß dieser Zustand lange anhält. Vater tat nun etwas, was mir aus heutiger Sicht unverständlich geblieben ist: Er machte sich zusammen mit meiner sechzehnjährigen Schwester auf den Weg nach West-Deutschland. Er wollte sie in Sicherheit bringen zu Menschen, die er schon kannte.

Ich denke so oft: ›Warum hat er uns nicht gleich mitgenommen?‹ Wahrscheinlich war es begründet in seiner Hoffnung, daß alles wieder gut wird und wir zu Hause bleiben könnten. – Ich kann ihn nicht mehr fragen, er starb 1988. – Die Hoffnung, wieder nach Hause zu dürfen, hat er sein Leben lang in sich getragen und sehr, sehr daran gelitten, daß diese Hoffnung sich nicht erfüllte.

Als er wieder zurückkam, nach etwa einer Woche (er war ja hin und auch zurück schwarz über die provisorische Grenze gegangen, nachts, das war gefährlich), waren wir natürlich froh.

Nun aber, zu Hause war es auch gefährlich für den Rest der Familie. Die Plünderer stürmten fast jeden Abend ins Haus. Vater bekam den Gewehrkolben in den Bauch gestoßen. Früh morgens wurde ein allseits beliebter Bauer erschossen. Die Brutalität nahm zu.

Eines Tages kam ein Pole auf unseren Hof; er wollte von unserem Vater Kartoffeln kaufen. Die gab es noch als fast einziges Nahrungsmittel. Dieser Mann bezahlte ihm die Kartoffeln sogar und wußte zu berichten, daß wir von hier alle vertrieben werden sollen.

Es wurde November. Der Winter wird bald Einzug halten, und die Winter im Odergebiet waren immer sehr streng gewesen.

Vater sagte uns: »Wenn wir sowieso weg müssen, dann lieber bald, bevor wir in Hunger und Kälte umkommen!«

Nun hatten wir drei verwandte Familien im Dorf. Vater wollte sie alle mitnehmen; er hat sich redlich darum bemüht. Er hat immer wieder mit ihnen gesprochen, doch letztlich blieben wir allein; sie wollten nicht glauben, daß sie von zu Hause weg müssen.

Anfang Dezember

Mitten in der Nacht gingen wir alle vier (Vater, Mutter, mein Bruder und ich) in den Garten. Jeder hatte seinen Rucksack mit Sachen dabei, Vater seinen Seesack vom Militär (Ich besitze dieses Requisit heute noch als Erinnerungsstück) .

Auch einen Spaten nahm Vater mit. Im Garten hatte Mutter Decken und Federbetten, warme Sachen vor der Flucht mit dem Pferdewagen vergraben. Damals gab es noch keine Plastiktüten. Sie hat die Sachen in ein Faß gesteckt und das ganze vergraben .

In dieser Nacht stopfte Vater soviel wie möglich in seinen Seesack. Angezogen waren wir doppelt und dreifach. Dann gingen wir zu Fuß zwölf Kilometer über Felder und Feldwege bis zur nächsten Bahnstation Kolbitzow.

In Berlin

Dezember 1945

Wie ich diese zwölf Kilometer in der Nacht gegangen bin, entfällt meiner Erinnerung. Ich war todmüde und habe wohl schlaftrunken einen Fuß vor den anderen gesetzt. Es war sehr früh morgens, als wir auf dem Bahnhof ankamen. Fahrpläne waren in jener Zeit nicht mehr verfügbar – denke ich – und auch völlig unnötig.

Irgendwann am Vormittag kam ein Zug, mit dem wir nach Berlin fahren konnten. Eine Strecke von etwa 170 km.

In Berlin – Stettiner Bahnhof – stiegen wir aus. Diese massenhafte Menschenzahl auf dem Bahnhof, den Bahnsteigen, wirkte auf mich als zehnjähriges Kind erdrückend. Die Menschen schoben sich, von gehen kann man gar nicht sprechen. Aber unser Vater kannte sich aus auf Bahnhöfen durch mehrere Reisen zwischen West und Ost und umgekehrt. Erst mal weg vom Bahnhof. Zielstrebig führte er uns ein Stück durch die Stadt zu einer Pension die er schon kannte. Hier sollten wir übernachten. In mein Gedächtnis hat sich eine wunderbare, große Altbau-Wohnung mit langem Korridor sowie vielen Zimmern eingeprägt. Eine freundliche ältere Dame wies uns ein Zimmer zu. Dicke Federbetten, Federberge möchte ich sagen, bezogen mit weißen Bezügen, luden zum schlafen ein. Womit ich kein Problem hatte.

Am nächsten Morgen (wir bekamen auch etwas zu essen) gingen wir wieder zum Stettiner Bahnhof. Vorne weg mit dem vollgestopften Seesack auf der Schulter mein Vater (ein Mann von 1,86 m Größe), was gut für mich war, so konnte ich ihn zwischen all den Menschen herausragen sehen. Mein Bruder irgendwo dazwischen, einige Meter dahinter ich und wieder einige Meter hinter mir unsere Mutter. Sie konnte nicht so schnell gehen, ausgezehrt von Typhus und Hunger hatte sie den schwierigsten Part dieser Aktion zu bewältigen und diese vielen Menschen dazwischen. Immer wieder schaute ich mich um, aus Angst die geliebte Mutter zu verlieren und wieder nach vorne, wo Vater ging. Unsere Mutter war nur ca. 1,60 m groß, also klein. – Wenngleich sie die schreckliche Krankheit überlebt hatte, gesund war sie längst nicht. Ohne angemessene Nahrung, ohne Medikamente, ohne ärztliche Versorgung mußte sie nun all dies auch noch durchhalten.

Auf dem Bahnhof wieder angekommen – und all diese vielen Menschen wollten weg, weg, nach Westen. Sie hatten ihre Bündel oder Rucksäcke – die letzte Habe und kletterten auf die Dächer der Züge, standen auf den Trittbrettern. Ich glaube, es kümmerte sich kein Bahnpersonal mehr darum.

Hin und wieder traf ein Zug ein, der bereits voll war, entsetzlich voll. Auf dem Bahnsteig stand ein Bahnwärterhäuschen mit öden Fensterhöhlen, die aber mit Sisal-Säcken zugehängt waren. Mein Bruder schob einen Zipfel etwas beiseite, so daß wir hineinsehen konnten. Drinnen lagen mehrere tote Menschen. Vielleicht sind sie vom Zug gefallen oder wer weiß wie umgekommen.

Wir mußten lange warten bis endlich ein Zug kam, mit dem wir bis Magdeburg fahren konnten .

Es war schon später Nachmittag als wir in Magdeburg ankamen und auch schon fast dunkel – na ja, Dezember.

Ein Stück außerhalb der Bahnsteige hielt ein Zug. Mir ist nur noch in Erinnerung, daß wir über etliche Bahngleise gehen mußten, um diesen Zug zu erreichen. Der Zug fuhr nach Grasleben. Wir saßen, ich möchte sagen zwischen den Waggons, in einem Bremserhäuschen, aber es war sehr eng, denn meine Beine baumelten hinunter, eine Frau hielt mich fest. Trotz der Dunkelheit, an die sich das Auge ja auch gewöhnt, sah ich unter mir die Bahnschienen rasend schnell vorbei streifen. Ich hatte Angst hinunterzufallen. Irgendwo hinter mir hörte ich die Stimme meines Vaters; das tröstete mich. Die Erwachsenen müssen wohl alle zusammengequetscht hinter mir gestanden haben.

Der Zug erreichte Grasleben. Dort gingen wir zu der sogenannten »Grenze« zwischen West und Ost, die streng bewacht wurde von russischen Soldaten. Der Schlagbaum war geschlossen. Es wimmelte von Menschen, die hinüber wollten, doch heute war nichts mehr möglich. Nach meinem Empfinden haben wir lange dort gewartet, aber es rührte sich nichts. Dann wollte Vater mit uns etwas weiter weg und schwarz über die Grenze gehen – es war ja Abend. Er hat es sich aber anders überlegt, weil ich zu große Angst hatte (die Angst saß uns allen noch zu sehr in der Seele), So gingen wir alle vier zurück in den Ort. Vater fand einen Gasthof, wo wir im Raum der Kegelbahn auf dem Fußboden übernachten durften.

An der »Grenze« zwischen Ost und West

Am nächsten Morgen wanderten wir wieder zum Grenzübergang. Ich glaube, die Menschen haben dort übernachtet; es waren noch genau so viele wie gestern. Wieder stundenlang warten. Manchmal wurde eine Gruppe von Menschen abgetrennt von den Russen; sie wurden seitwärts weggeführt – wer weiß wohin.

Es wurde Mittag – plötzlich ging der Schlagbaum hoch. Noch kein Grund zur Freude, sie schlossen ihn auch schnell wieder. Nein, Freude war nicht angebracht, denn die Angst, daß man auch uns wegführt, irgendwohin, stand im Raum.

Das Warten in Angst und Ungewißheit vor diesem Schlagbaum bei Grasleben, nahe Helmstedt, ist wohl auch der Grund dafür, daß ich mich in meinem späteren Leben niemals zu früh gefreut habe, sondern immer erst dann, wenn ein gutes, klares Ergebnis sichtbar war.

Nach einiger Zeit wurde der Schlagbaum wieder

geöffnet – die Menschen strömten hindurch, und wir auch. – Ja, auch wir!

Wir waren drüben, und dieses Gefühl zu beschreiben, wird mir nicht gelingen. Einfach frei atmen können, die ganze Anspannung loslassen können – ein unbeschreibliches Gefühl.

Wir gingen weiter, immer geradeaus, die Straße entlang mit all den Menschen, die es ebenfalls geschafft hatten rüberzukommen.

Ein kleiner Ort lag vor uns – es kann Rottorf gewesen sein. Mein erster Eindruck nach dem Passieren einiger Häuser – eine Schlachterei; im Fenster hingen Würste. Allein dieser Anblick weckte ein wohliges Gefühl von Freiheit in mir. In diesem Augenblick wußte ich: »Jetzt brauchst du keine Angst mehr zu haben!«

Dann mußten wir uns in ein Grenzübergangs-Barackenlager begeben zur Entlausung und Desinfizierung. Wir wurden eingepudert von oben bis unten, danach bekamen wir zu essen und zu trinken – das war himmlisch.

Es folgte die Weiterbeförderung auf einem Lastwagen über Braunschweig nach Hannover zum Hauptbahnhof. Von hier aus sollten die Ankommenden verteilt werden irgendwohin in Niedersachsen oder weiter weg.

Aber auch auf diesem Bahnhof hieß es wieder warten, warten, stundenlang. Es war ja auch wieder ein neuer Tag. Allerdings gab es hier eine Bahnhofsmission, die für Nahrung und Getränke sorgte.

Unten im Bahnhofsbunker saßen viele Menschen auf ihren Beuteln, Säcken, selbstgemachten Rucksäcken oder ähnlichem herum, bestenfalls auf Pappkoffern jener Zeit und warteten.

In diesem Bahnhofsbunker waren viele Feldbetten aufgestellt; hier konnten wir übernachten.

Am nächsten Morgen oder Mittag fuhren wir weiter (ich wußte ja nichts über die behördliche Abwicklung dieser Aktion und was Vater für uns erreichen konnte. Auf jeden Fall mußten wir angemeldet werden, und er bekam eine Adresse, wohin wir sollten).

Wir mußten in Richtung Bremen fahren und dann außerhalb der Stadt in ein kleines Dorf. Hier sollten wir auf einem bäuerlichen Anwesen Unterkunft bekommen. Spät abends kamen wir dort an. Die Leute waren sehr freundlich, versorgten uns und wiesen uns in ein vorbereitetes Zimmer mit Nebenraum ein. Vater und Bruder bezogen die Dachkammer, Mutter und ich das größere Zimmer. Zwar war es kalt, jedoch die guten Federbetten waren schön dick, so daß wir schnell warm wurden und einen wohligen Schlaf – ich möchte fast sagen – genießen konnten.

Meine Eltern und mein Bruder halfen in der Landwirtschaft mit, ich durfte noch spielen. Hier blieben wir über Winter, und hier verlebten wir Weihnachten 1945.

Weihnachten

Dezember 1945

Es war Heiligabend; ein wunderschöner, großer Tannenbaum schmückte das Zimmer wo wir alle – zehn Personen – beisammen saßen und Weihnachtslieder sangen. Jeder bekam einen bunten Teller, Geschenke wurden gereicht, wie Handschuhe, Schals, Wollsocken, auf jeden Fall warme Sachen und in einem warmen Zimmer zu sein hatte besonderen Wert, denn Heizungen wie heutzutage gab es damals noch nicht; es mußte jeden Tag Feuer angefacht werden – auch im Kochherd. Und noch ein anderes Phänomen ließ uns zufrieden und glücklich sein: wir lebten, unsere Familie war zwar nicht zusammen – meine Schwester (16jährig) war schon vorher auf einem anderen Hof als Haushaltshilfe untergebracht worden, aber es war niemand von uns durch Krankheit umgekommen oder durch andere kriegerische Umstände; und das war viel, sehr viel an Gutem, was man von diesem Krieg noch retten konnte. Wir lebten!

Vertreibung der restlichen Dorfbewohner

Januar 1946

Später im Westen, als ich Verwandte in Schleswig-Holstein besuchte, erzählte mir meine Tante, wie es den zurückgebliebenen Dorfbewohnern ergangen war. Im Januar kamen Polen ins Dorf, um die Einwohner zu registrieren. Einige – auch unserer Verwandten und aus Nachbardörfern – sind noch schnell geflüchtet, nur einige Kilometer weiter westwärts, wo sie unter sowjetischer Verwaltung blieben und drei Jahre später, also 1949, DDR-Bürger wurden. Nahrung gab es kaum noch, Kartoffeln und braune Bohnen.

Ende Februar kamen die Polen wieder, um die Leute aus den Häusern zu treiben. Tante Hanna schilderte es so: Sie kamen ins Haus zu zweit, einer sagte: »Frau, du hast eine Stunde zum einpacken, dann gehen zum Sammelplatz bei Berg, alle müssen weg!«

Natürlich helle Aufregung. Sie schickte Onkel Albert zu unserem Grundstück, um den kleinen Handwagen zu holen, welcher dort sich noch befand.

Inzwischen packte sie das nötigste in Beuteln und Taschen ein. Vor allem aber Fotos von ihrem Sohn, der in Rußland verwundet und gestorben war. Und von den Fotos hatte sie viele. Der Schmerz hat bis an ihr Lebensende gereicht. Sie gingen zum Sammelplatz, wo sie stundenlang warten mußten; es war Winter. Mein Großvater sei zweimal wieder zurückgegangen in sein Haus, die Polen haben ihn wiedergeholt und geschlagen.

Zu Fuß mußten alle bis Stettin gehen, ca. 9 Kilometer, und Opa in seinen Holzpantoffeln. Viele Alte und Kranke waren dabei, in eisiger Kälte. Dort kamen sie in ein Sammellager, danach wurden sie mit der Eisenbahn nach Schleswig-Holstein gebracht und von hier aus auf verschiedene Orte verteilt.

Verwandtschaftliche Bindungen waren aufgelöst. Niemand wußte mehr, wo die Geschwister geblieben waren. Die meisten waren zerstreut von Nord bis Süd in Westdeutschland, andere waren in der sowjetischen Zone geblieben. Ganz allmählich erst fand man heraus, wo Bruder Karl mit Familie oder Schwester Hanna zu finden war.

Ich sage immer gerne »es war eine Zeit, wo jeder jeden suchte!«

Dezember 1945 bis April 1946

Die Monate gingen dahin. Längst hätte ich wieder zur Schule gehen müssen. Hier aber auf dem Lande gab es natürlich auch eine Schule, doch sie war geschlossen; der Lehrer war nicht aus dem Krieg zurückgekommen. Meine Eltern sorgten sich verständlicherweise um meine fehlende Schulbildung. Mein Vater fuhr nach Hannover – dort in der Nähe arbeitete meine Schwester im Haushalt auf einem Bauernhof. Vater wollte gerne in diese Gegend, damit wir wieder alle zusammen sein könnten. Er bekam auch guten Rat und fragte in einem großen landwirtschaftlichen Betrieb nach, ob man unsere vierköpfige Familie aufnehmen würde. – Man sagte »Ja«!

Im Frühjahr zogen wir um. Ich durfte endlich wieder in die Schule gehen, was anfangs gar nicht einfach war nach eineinhalb Jahren Faulenzerei. Meine Eltern und mein Bruder arbeiteten mit auf dem Hof – hier hatten wir es gut. Es waren nette Leute, ein großes Haus mit vielen Personen, so daß immer etwas los war und viel Fröhlichkeit.

Einzig die Wohnverhältnisse waren nicht so günstig. Ein Zimmer im zweiten Stock mit kleiner Dachkammer mußte ausreichen. Wasser mußte herauf- und hinuntergetragen werden. Für die nächtliche Notdurft gab es einen Zinkeimer draußen vor der Zimmertür.

Das Wohnen von April 1946 bis September 1954

Das Wohnen in dieser Zeit möchte ich doch noch näher schildern: Unser Zimmer im Zweiten Stock war ca. 16 qm groß. Hier schliefen meine Eltern und ich; mein Bruder teilte sich die schräge Dachkammer mit einem anderen landwirtschaftlichen Helfer.

In dem Zimmer also standen an der einen Wand die Betten meiner Eltern mit jeweils einem Nachtschränkchen, an der Wand daneben stand ein Kleiderschrank, nicht allzu groß, jedoch die wenigen

Sachen, die wir besaßen, ließen viel Raum darin. Neben dem Schrank war noch Platz für einen kleinen Ofen, welcher im Winter Wärme spendete, daneben war die Tür. Ich muß dazu sagen, daß wir alle unten im Haus neben der Küche in einem gemeinsamen Eßraum gegessen haben, Mutter brauchte also nicht zu kochen, das war schon angenehm.

Nun, an der dritten Wand stand ein Sofa und davor ein kleiner Tisch, oberhalb an der Wand auf einer Konsole war ein kleines Radio stationiert, welches uns am Wochenende etwas Zerstreuung bot. Ich kann mich noch an Sport- und Olympia-Reportagen sowie wunderbare Hörspiele erinnern.

Die vierte Wand: Gleich in der Ecke stand eine Waschkommode, darauf eine große Waschschüssel mit Wasserkrug – wie früher üblich – für die körperliche Reinigung. Das Wasser mußte herauf und hinunter getragen werden. Unter dem Fenster gab es eine Chaiselongue, worauf ich die Nächte verbrachte und welches mir bald auch physisch Schmerzen bereitete, denn ein Eisenstab des Federkerns hatte sich gelöst und piekste mich Nacht für Nacht. Morgens drückte Vater das Ding wieder zurück, es kam jedoch immer wieder hervor. Nach meinem Ermessen hätte die ganze Chaiselongue fortgeworfen gehört, aber weggeworfen wurde damals nichts. Nein, sie wurde sogar noch mitgenommen, als wir im Herbst 1954 umziehen konnten. Ich mußte weiterhin darauf schlafen, allerdings hatte Vater dann das Eisenteil vollends entfernen können. Ja, das war's, unser Mobiliar in dem einen Zimmer. So wohnten wir achteinhalb Jahre – von April 1946 bis September 1954!

In solcher wohnlichen Enge kommt selten Freude auf, da hat jeder seine eigene Not erlitten in der Familie und still für sich getragen, dennoch war das Miteinander nicht leicht. Wir Kinder waren jung, wollten vorwärts; Vater war nicht immer gnädig und Streit gab es auch – schon um all den täglichen Kleinkram – der aber nur morgens und abends oder am Wochenende ausgetragen werden konnte, wenn eigentlich alle eine kleine Erholungspause nötig hatten und oben waren.

Ich ging zur Schule, nachmittags war ich gerne draußen. Eine Freundin mit nach Hause bringen war unmöglich. Besucher empfangen – gar nicht dran zu denken. Unternehmen konnten wir auch kaum etwas, Geld wurde wenig verdient in der Landwirtschaft. Meine Eltern arbeiteten körperlich schwer und waren froh, am Sonntag etwas Ruhe zu haben.

In diesem einen Raum schlafen, wohnen und die letzten Jahre auch noch kochen, als Mutter ihren ersten Schlaganfall bekam und nicht mehr mitarbeiten konnte sowie die körperliche Reinigung von vier Personen – dieser Zustand dauerte achteinhalb Jahre an.

Aber ich will nicht klagen, denn wir hatten schlimmeres erlebt! Hier waren wir bei einer großartigen Bauernfamilie untergekommen und dankbar dafür!

Unser Zimmer für achteinhalb Jahre für drei (vier) Personen!

Schule und Konfirmation

1949/1950

Seit April 1946 ging ich wieder zur Schule im Westen. Wir lernten sehr viel. Das Goethe-Jahr 1949 brachte uns den großen Deutschen sehr nahe und ebenso Schiller, Kleist und andere.

Wenngleich ich keine besonders gute Beziehung zu unserem Klassenlehrer hatte (er war ein echter Niedersachse, ich eine echte Pommeranze, die wieder nach Hause wollte), so ließ es sich nicht ändern, ich mußte hier durch. Um Ostern 1949 hatten wir Konfirmation: es gab getragene Schuhe, ein geschenktes Kleid für die Prüfung und ein schwarzes für die Einsegnung (die nette junge Haustochter sorgte ein bißchen für mich, ich danke es ihr). Aus amerikanischen Carepaketen erhielten wir auch einige Sachen, die im Gemeindesaal ausgelegt waren. An eine Tweedjacke kann ich mich noch erinnern, die ich wohl sehr lange getragen habe. Nach der Konfirmation mußten wir noch ein Jahr in die Schule gehen, wurden erst 1950 entlassen. Nun aber die Konfirmation. Die anderen Mädchen, die hier zu Hause waren, hatten neue Schuhe und natürlich ein neues Gesangbuch, drei neue Kleider – für Beichte, Prüfung und Einsegnung. Mein Gesangbuch war auch alt und geschenkt, aber immerhin, ich hatte eins.

Nach der Schulzeit sollte eigentlich etwas gelernt werden. Nun war es so, daß meine Schwester bereits in einem Haushalt arbeitete und keine Chance mehr hatte, einen Beruf zu lernen; sie war bereits 18 Jahre alt, als sie auch in B. eine Stelle bekam, wieder im Haushalt. Es war für sie nicht leicht, denn gnädig waren die Leute nicht. Erst als sie im Professoren-Haushalt tätig wurde, hatte sie es gut.

Mein Bruder war bereits 19 Jahre alt, als Vater für ihn eine Lehrstelle in Hannover fand – Glück im Unglück.

Glück im Unglück hatte auch ich. Nach der Schule ging ich zunächst in einen Haushalt, um das praktische Hauswesen zu erlernen, hielt es aber nicht lange dort aus. Gern hätte ich meinen Anlagen entsprechend in Graphik und Malerei etwas gelernt. Bei der Berufsberatung wurde mir aber gesagt, das sei nicht möglich, denn dafür hätten meine Eltern doch kein Geld. Das tat sehr weh! Nun ergab sich nur noch die Möglichkeit, eine Kaufmännische Schule zu besuchen und danach eine gute Stelle in einer großen Firma zu bekommen.

Lehrstellensuche 1949

Mein Bruder war 19 Jahre alt; Vater suchte nach einer Lehrstelle für ihn. Es sei dringend erforderlich, daß er einen richtigen Beruf erlerne. Eine Lehrstelle zu finden erwies sich aber als äußerst schwierig, denn einige Handwerksbetriebe stellten grundsätzlich keine Vertriebenen oder Flüchtlinge ein. Ja, ein

Bäckermeister hätte ihn gerne genommen, doch dieses Metier lag Martin überhaupt nicht, und so suchte man in Hannover, wo sie auch fündig wurden. Er wurde Elektromaschinenbauer, das war gut so.

Damit fiel neben Mutter auch Martin in der Landwirtschaft aus. Es blieb also nur noch unser Vater als landwirtschaftlicher Helfer übrig. Ich selbst habe nach der Schulentlassung 1950 neun Monate im Haushalt gearbeitet, wozu auch der einmal wöchentliche Besuch der hauswirtschaftlichen Berufsschule gehörte (die sog. Puddingschule), wo mich Staatsbürgerkunde mehr interessierte als kochen.
1951 wurde mir das große Glück zuteil, in Hannover eine Handelsschule besuchen zu dürfen.

Für unsere Familie war es nun an der Zeit, sich auf die Wohnungssuche zu begeben. Ein äußerst schwieriger Akt, denn es gab nur privat vermietete Wohnungen. Aber Vater gab so leicht nicht auf. Es war 1954, als er uns mit der Nachricht überraschte, daß er eine Wohnung für uns gefunden hätte – zwei Zimmer, Küche und Bad. Im Herbst des Jahres konnten wir umziehen – ein Glücksmoment! Es gab ein Wohnzimmer, darin ein Bett für meinen Bruder, einen Tisch, ein paar Stühle, einen Schrank. Das Zimmer war groß genug, aber richtige Wohnzimmer-Möbel besaßen wir nicht. Besagtes Mobiliar war geschenkt oder gespendet. In dem Schlafzimmer schliefen Vater und Mutter, ich in der Küche auf der vorher bereits erwähnten Chaiselongue, welche wir aus dem bisher bewohnten Zimmer mitnehmen durften. Chaiselongue mit Eisenzacken, der mir so oft ins Kreuz gepiekst hatte. – achteinhalb Jahre kein richtiges Bett und nun weitere eineinhalb Jahre auf dieser Chaiselongue in der Küche.

Doch es lebte sich, ein neues Lebensgefühl begann. Eine richtige Küche mit Wasseranschluß, eine Toilette mit Spülung. Vergessen der Zinkeimer!

Ich träumte nicht einmal von einem eigenen Zimmer, es war, wie es war, und es war gut so!

Als Kinder mußten wir gehorchen, mit uns wurde nicht viel gesprochen oder diskutiert. Die Eltern hatten gar keine Zeit dazu.

Lebensphilosophien mußten wir uns selbst erarbeiten; sie wurden uns nicht mitgegeben.

Über Politik wurde gar nicht gesprochenen, in der Hitlerzeit durfte man nicht bzw. schon gar keine eigene Meinung kundtun, die nicht der Zeit entsprach. Also wurde geschwiegen.

In der Besatzungszeit von 1945 bis 1949, als alles brach lag, die Städte zerbombt waren und chaotische Zustände herrschten, da traute sich niemand über Politik zu sprechen und später, ab 1949, in der jungen deutschen Demokratie wagte auch noch niemand, sich zu äußern. Die Erwachsenen hatten sich an das Schweigen gewöhnt, hatten es zu lange gelernt und konnten sich noch nicht so schnell davon befreien. Mein Vater hatte oft seinen Ausspruch parat:

> »Wir müssen jetzt aushalten, durchhalten, Maul halten«!

Nach dieser Devise wurde gelebt.

Das Erlebte sitzt tief in der Seele, auch wenn wir damals noch Kinder waren, man wird es nicht los.

Es kommt auch Ärger auf, wenn dauernd Forderungen an das deutsche Volk gestellt werden aus allen möglichen Richtungen und ständige Beschuldigungen ausgesprochen werden. Ich denke, für die furchtbaren Verbrechen der Hitler-Diktatur kann man nicht das heutige deutsche Volk verantwortlich machen; auch nicht uns und unsere Eltern, und nicht unsere Kinder und Enkel.

Wir sind Opfer geworden. Unser Erbe wurde uns gestohlen. Eine angemessene Schul- oder Ausbildung war für uns nicht möglich. Viele Handwerksbetriebe stellten keine Vertriebenen ein und sagten es sogar ganz offen (Mein Bruder bekam erst mit 19 Jahren eine Lehrstelle über allerlei Hindernisse).

Immer wieder hat man den Vertriebenen Hoffnung gemacht von einem Bundeskanzler zum anderen, daß man auf die deutschen Ostgebiete niemals verzichten werde. Verhandelt darüber hat man nicht.

Als wir weg mußten, gingen wir mit der Hoffnung auf baldige Rückkehr. »Es wird nicht lange dauern, höchstens vier Wochen«, sagte Vater, »dann sind wir wieder zu Hause!« –

Er hat die Hoffnung nie aufgegeben, dreiundvierzig Jahre lang. Mein Vater starb 1988 im Alter von 87

Jahren. – Und er ist nie etwas anderes gewesen, als der pommersche Bauer, mit Leib und Seele!

Meine Mutter

Das große Leiden meiner Mutter bedrückt mich auch heute noch. Sie hatte soviel Arbeit auf dem Bauernhof, mußte viel entscheiden, organisieren; dann die Flucht mit dem Pferdewagen und wieder zurück – mit Ochsen. Die schreckliche Krankheit – Typhus – wochenlang mit schwerem Fieber. Am Stock wieder gehen lernen, richtige Nahrung war nicht verfügbar.

Und dann dieser Akt: Haus und Hof verlassen, nach Westen reisen. Dort wieder arbeiten auf einem Bauernhof, aber für andere – das ist ein Unterschied.

Bald schon, 1952, kam der erste Schlaganfall, eine Lähmung trat ein. Sie mußte ihre Mitarbeit reduzieren und bald ganz aufgeben, was verständlicherweise in einem landwirtschaftlichen Betrieb ungünstig ist, wo jede Hand gebraucht wird. Doch man hatte Verständnis.

Von nun an kochte sie selbst auf einer kleinen Elektro-Kochplatte in unserem Zimmer. So gut es eben ging.

Sie kam nie wieder richtig auf die Beine. Nur sieben Jahre nach dem Verlassen der geliebten Heimat, ihrer lieben Geschwister, die nun alle weit weg waren, irgendwo, und die sich zu Hause alle gut miteinander vertragen haben, viel Geselligkeit pflegten, mußte sie krank werden.

In einer großen Verwandtschaft fallen auch viele Geburtstage, Konfirmationen, Hochzeiten und andere Feierlichkeiten an; alles wurde schön gefeiert; und nun wohnen in einer Bodenkammer – achteinhalb Jahre!

Weitere Schlaganfälle folgten und viele Arztbesuche. Aber nicht nur das, sie litt sehr häufig unter Kopfschmerzen, konnte nicht einschlafen, zu viele Gedanken quälten sie. Der Austausch mit lieben Menschen fehlte. Dann nahm sie Schlafmittel – zuletzt Contergan-forte!

Noch mehr Lähmungen folgten und ein langes Krankenlager, bis sie 1971 ihre letzte Ruhe fand mit 71 Jahren (1900 geboren) nach einem so schweren, freudlosen Leben.

Ich bin ganz sicher, daß der Herrgott ihr einen guten Platz im Himmel zugedacht hat, wo ich sie einmal wiederfinden kann.

***

Dann meine Schwester, sie hatte ein überaus trauriges Schicksal; ruhelos zog sie von Stadt zu Stadt und wollte nur eines: Nach Hause!

Sie starb im Jahr 2000; auch sie war 71 Jahre alt. Über ihr Schicksal würde ich gerne noch erzählen, aber das ist eine andere, lange Geschichte.

Für alle drei, Vater, Mutter und Schwester habe ich Erde aus Niederzahden mitgebracht und ihnen aufs Grab gestreut.

Wie oft war die Angst, die geliebte Mutter zu verlieren, allgegenwärtig gewesen: Unterwegs auf der

Flucht mit dem Pferdewagen, als fremde Soldaten uns bedrohten, in Wollin, als der russische Soldat sie erschießen wollte, weil sie sich vor ihre Tochter stellte, um sie zu beschützen. »Dann schieß doch!«, sagte sie ganz tapfer, wieder zu Hause, als Plünderungen und Überfälle gang und gäbe waren, im Sommer 1945, als sie schwer krank an Typhus niederlag und später auf den Bahnhöfen zwischen den vielen Menschenmassen durch die wir uns drängen mußten.

Viel später erst begreifen auch die Kinder, wenn sie erwachsen sind, wieviel eine Mutter, besonders in solcher Zeit, geleistet hat.

Und viel zu spät kommt die Erkenntnis, daß man viel öfter hätte sagen sollen: »Mama, ich habe dich so lieb, wie gut, daß ich dich habe!«

Es ist nicht schwer, eine Mutter zu umarmen, ihr das zu sagen, und es kostet auch nichts.

Auch wenn sie nicht mehr hier ist, ich sage es ihr dennoch, in dem Glauben, daß sie mich hört!

Wir müssen unseren Kindern und Enkeln davon erzählen, aber wir dürfen sie nicht mit der Geschichte belasten; sie tragen keine Schuld an dem schrecklichen Krieg.

Vielleicht gelingt es mit den Worten von Klaus von Bismarck:
»Pommern ist meine Muttererde und eure auch.

Dieses Land hat mich hervorgebracht und ich euch, und ihr eure Kinder. So tragen wir Pommern weiter in unseren Herzen. Seht euch das Land an – meine Heimat!«
Und ich setze noch hinzu:
»Pommern ist ein stilles Land, nicht laut und nicht bunt,
und so sind auch seine Menschen, nicht laut und nicht bunt!«

Seht euch Pommern an,
erst dann könnt ihr mich verstehen.

Mein besonderes Glück – von Gott gegeben – sehe ich darin, daß ich in diesem Land, in dieser Heimat, als Kind aufwachsen durfte bis zu meinem fast elften Lebensjahr.
   Oft stand ich wie gebannt vor unserem Haus, wenn morgens drüben über den Oderwiesen die Sonne emporstieg, dieser große rote Ball, der meine Kinderseele faszinierte.

2. Teil

Das Radio

Wenn ich aus meiner Kindheit erzählen soll, dann muß ich zunächst einmal sagen, daß ich mit meinen Eltern und Geschwistern an einem wunderschönen Flußufer gelebt habe, wo wir alle aufgewachsen sind, auch meine Eltern, meine Großeltern deren Eltern usw.!

Ja, da war dieser stille, sanfte Fluß, an dessen Ufer wir aufwachsen durften, friedlich, glücklich, in einer Landschaft, die uns prägte; hier wurde der Grundstein, das Fundament für unsere Haltung, unseren Charakter, unsere Einstellung und auch für unsere Fähigkeiten gelegt. Dieser Fluß hat unsere Kindheit begleitet, ein Kindheitserleben, das ich nicht missen und nicht streichen möchte aus meinem Leben. Wohl kaum woanders können Kinder glücklicher aufwachsen als an einem Fluß, an einem See, an einem Meer, wenngleich ich der Meinung bin, daß in jedes Menschen Leben eine gute und eine weniger gute Zeit Bedeutung hat. Von den vielen Nachrichten und Mitteilungen, die es heute gibt, über Hunger Krankheiten und Elend in der Welt, konnten wir Kinder in unserer Zeit nichts wissen. Natürlich wußten wir, daß Krieg ist, aber wo war der Krieg? Wir sahen ihn zunächst nicht und hörten ihn nicht. Einen Fernseher gab es noch nicht, wohl aber ein Radio.

Ich kann mich noch gut an den Tag erinnern, als unser Vater mit dem Radio nach Hause kam; es war an einem Nachmittag, er hatte es in der Stadt gekauft, im Jahr 1940.

Vater betonte sehr eingehend und häufig, daß dieses Radio ein magisches Auge hat – eine wohl sehr wichtige Neuerung, die ich aber nicht verstand – es war rund und grün und die Farben bewegten sich. Den Unterschied allerdings zu den Volksempfängern in anderen Häusern bemerkte ich sehr wohl: unser Radio war größer und schöner und hatte wohlgemerkt dieses magische Auge!

Das Radio bekam seinen Platz auf einer seitlich über dem Sofa angebrachten Konsole im Alltagszimmer. Vater war ein Mann von hohem Wuchs, (1,86 m groß), dementsprechend stand das Radio sehr weit oben, um auch vor uns Kindern – wir waren drei – sicher zu sein.

Mich interessierte es zunächst auch nicht sonderlich – ich war ein Draußenkind. – Es war damals von oben her angeordnet, daß in jedem Haushalt ein Radio zu sein hatte, damit das Volk Mitteilungen, Nachrichten, Anweisungen und auch und besonders Ansprachen des derzeitigen Führers anhören konnte und mußte. Es mußte auch täglich angestellt werden und lief oft auch dann, wenn niemand im Zimmer war, keiner zuhörte. Dieses vorweg, damit das nächste verständlich wird.

Urgroßmutter Philippine Heim

Eines Nachmittags sprach Hitler; ich war mit meiner einundneunzigjährigen Urgroßmutter allein zu Hause. Ich empfand nur, daß dieser Mann fürchterlich brüllte, was meiner Kinderseele gar nichts sagte. Urgroßmutter saß still und hingebungsvoll in ihrem Lehnstuhl und hörte interessiert zu. Ihr runzeliges Gesicht lugte aus einem schwarzen Kopftuch hervor, welches ihr Haupt wärmte. Ansonsten war sie verborgen unter einem langen, schwarzen Kleid mit kleinen weißen Blümchen, darüber trug sie eine schwarzwollene Strickjacke, eine dunkelblau gestreifte Schürze, die pommerschen Filzpantoffeln rundeten das Bild ab.

So saß sie da, hörte Hitlers Ansprache; ihre wachen Augen ließen erkennen, daß sie wirklich bei der Sache war. Hin und wieder schüttelte sie ihr faltiges Haupt, worauf sie dann sagte: »Nein, der taugt nichts, der hat keinen christlichen Glauben!«

Urgroßmutter war sehr fromm. Alljährlich bekam sie den großen Abreißkalender mit biblischen Sprüchen. Da die Schrift ziemlich groß war, konnte sie auch noch lange Zeit ohne Brille lesen.

Sie bewohnte ihre bäuerliche Alteneil-Wohnung, welche aus einem großen Zimmer mit Kachelofen, einer kleinen Küche und einem Abstellraum bestand. Von ihrem Zimmer aus hatte sie einen wunderbaren Blick auf die Straße und auf die Oder. Diese Aussicht war prächtig im Winter wie im Sommer.

Der Ausblick bot ihr die optimale Teilnahme an allem Geschehen draußen; wenn Boote losgemacht wurden, wenn Fischer hinausfuhren oder hereinkamen, wenn Heu von drüben aus den Oderwiesen herübergeholt wurde, Ruderboote sonntags vorbeifuhren, der Schiffs-Linien-Verkehr nach Stettin oder Schlepper mit den bekannten Oderkähnen voller Fracht.

Im Winter, wenn die Oder zugefroren war – und sie war jeden Winter zugefroren – konnte Urgroßmutter die vielen Kinder sehen, die sich beim Schlittschuhlaufen vergnügten.

Jedoch es mußte täglich Feuer gemacht werden im Kachelofen und im Küchenherd. So achtete sie oft darauf, daß ein Brikett glühend mit Asche bedeckt die Glut über Nacht hielt und morgens nur wieder angefacht zu werden brauchte. Ich möchte diesen Umstand hier nicht vergessen zu erwähnen, denn so bequem wie heute hatten es die Menschen damals nicht, daß alles auf Knopfdruck sofort funktionierte.

Ja, Urgroßmutter möchte ich noch einige Erinnerungen widmen. Wir gingen als Kinder (wir waren drei, mein Bruder war fast 5 Jahre und meine Schwester 6 Jahre älter als ich) gerne mal zu ihr hinein. Sie erzählte uns etwas von früher oder las etwas vor von dem jeweiligen Kalenderblatt. Einmal erzählte sie uns von dem großen Feuer, welches in ihrer Jugendzeit im Dorf ausgebrochen war und viele Fachwerkhäuser vernichtet hat. Es wurden etliche Gegenstände noch schnell gerettet und aufs Eis gestellt, auf die zugefrorene Oder, so auch die Wiege, in der ihr Baby lag, mein Großvater – dieses Kind wog bei der Geburt zwölf Pfund. Ob seiner Schwere brauchte sie keine weiteren Kinder mehr zu bekommen. Ihr Mann, der 1910 verstarb, war sehr einsichtig. Und daß dieses kleine Kind gerettet wurde, ist für mich/uns sehr wichtig, denn wir wären sonst wahrscheinlich gar nicht auf der Welt. Im Winter spielten wir abends manchmal Mühle mit ihr, konnten aber einmal das Spiel nicht finden. »Ach, laßt mal das suchen«, sagte sie »wir machen uns ein Spiel, holt mal einer zwei Kartoffeln«. Daraus schnitt sie kleine Würfel – neun mit Schale und neun ohne, die Spielquadrate wurden auf Pappe aufgezeichnet und schon hatten wir ein Spiel.

Wenn sie erkältet war, zündete sie eine Kerze in ihrem Leuchter an, erwärmte darüber einen Löffel mit Honig und verrührte diesen in einer Tasse Milch, das gab sie auch uns. Ich kann mich nicht erinnern, daß sie häufig krank war, aus meiner Sicht war sie fast immer gesund.

Als von ihrem einzigen Sohn Wilhelm die erste Frau starb, kümmerte sie sich um seine sechs Kinder bis er wieder heiratete. Auch diese Frau ist bald gestorben, ein Sohn war noch geboren worden, jetzt waren es sieben. Großvater heiratete noch ein drittes Mal – ohne Nachwuchs. 1912 hatte er ein schönes neues Haus an der Oder gebaut und groß; es hatten fünf Familien darin Platz.

Als seine Kinder groß waren, überschrieb er seinem ältesten Sohn den Bauernhof, das war mein

Vater. Opa zog dann in sein neues Haus, wo er noch eine Gärtnerei betrieb. Inzwischen hatte mein Vater geheiratet. Bald hatte Urgroßmutter neue Aufgaben, kleine heranwachsende Kinder zu betreuen und Kartoffeln zu schälen für die große Familie.

Sie starb 1942 vierundneunzigjährig, ein sanfter, friedlicher Tod, nachdem sie nur ein paar Tage krank gewesen war. Einen Arzt hat sie nie gebraucht, Tabletten auch nicht.

Sie war aufgebahrt in ihrem Zimmer drei Tage lang. Das war damals so üblich. Wir Kinder sollten da nicht hineingehen, haben aber doch heimlich durch einen Türspalt gelugt.

Onkel Karl erzählt aus seinem Leben

Onkel Karl Heim (Bruder meines Vaters) besuchten wir nach Weihnachten 1990 in Bayern. Er hat uns viel erzählt vom Krieg, von seiner Gefangenschaft und von zu Hause in Niederzahden und Brünken-Neuteich.

Auch, daß mein Vater und Opa Heim in jungen Jahren auf Grund ihrer Fischerei- und Jagdberechtigung häufig zur Jagd gingen. Es wurden Enten, Vögel und auch mal ein Rehbock erlegt. Sein Bruder Gustav (mein Vater) konnte gut zielen; er traf sein Objekt fast immer. So erzählte uns Onkel Karl.

Onkel Karl wurde geboren am 6. Mai 1907 in Niederzahden. Er heiratete am 6. Mai 1930 Anna geb. Höppner aus Ferdinandstein/Hinterpommern nahe der Ostoder. Sie kauften einen kleinen Hof in Brünken-Neuteich, welcher schnell vergrößert wurde von 3,5 ha Land auf 14 ha, und dazu noch Wiesen. Viel Obst und Gemüse sowie Feldfrüchte wurden angebaut und in Stettin auf dem Markt abgesetzt.

1933 wurden die Zwillinge Christa und Helga geboren. »Wir lebten alle in Ruhe und Frieden in einer ordentlichen und zuversichtlichen Welt. Wir krempelten die Ärmel hoch und waren in sieben Jahren schuldenfrei. Dann kam die Hitler-Regierung mit ihrem todbringenden zweiten Weltkrieg. An meinem 37. Geburtstag im Mai 1944 war ich zum letzten

Mal zu Hause gewesen. Am 1. Mai 1944 wurde ich abkommandiert von der Ostfront in Rußland nach Westen zur Ardennen-Offensive.

In Stettin wurde Station gemacht. Ich bat den Offizier um Urlaub für ein paar Tage, die mir auch genehmigt wurden, obwohl schon viele um Urlaub gebeten hatten . Am 6. Mai – meinem Geburtstag – sollte ich mich wieder melden bei meiner Garnison. Und nun ging es nach Westen zur Ardennen-Offensive!«

Onkel Karl erzählt:
Krieg und Gefangenschaft

Auf meinem Koppelschloß stand »Gott mit uns!«

Und dann rein ins Verderben – fünfeinhalb Jahre lang. Dann in die Gefangenschaft beim Amerikaner, in den Lagern Bingen, Remagen, Bad Kreuznach. Vom 18. April 1945 bis 23. Juli 1945 lag ich mit 85.000 Mann unter freiem Himmel ohne Mantel, ohne Decke. Im Mai gab es 8 Tage lang Regen; wir waren bis auf die Haut durchnäßt.

Der Kamerad neben mir lag im Wasser. Ich sagte: »Steh auf, du liegst im Wasser«. Er antwortete mit leiser, schwacher Stimme:

»Laß mich, ich liege gut!« – Wir waren erschöpft; ich schlief ein. Als ich aufwachte und nach ihm sah, war er tot!

Alle beteten zum lieben Gott – aber wo war der liebe Gott?

Unser Pfarrer war bei uns, abends sangen wir »Lobe den Herren« und »Nun danket alle Gott!«

Im Juni/Juli 1945 sammelten wir jeden Morgen 80 bis 100 Tote auf, liebe Ingrid, von da an gab es für mich keinen Gott mehr, und das ist bis heute noch so! Am 23 Juli kam ich zu einem Kultivateur (wahrscheinlich ein Bauer), wo ich mich auf einer Waage wiegen konnte; ich hatte 66 kg Gewicht bei einer Körpergröße von 1,90 m, hatte 58 Pfund verloren.

Ich war nur noch Haut und Knochen. Aber ich lebte. Wir haben sehr gehungert.

Wir wurden nicht entlassen, sondern übergeben an die Engländer und Franzosen. Liebe Ingrid, für meinen ganzen Lebenslauf brauchen wir 8 Tage Zeit, denn er hat Höhen und Tiefen. Großmutter (also meine Urgroßmutter) hat immer gesagt: »Unser Herrgott sieht alles, die werden alle bestraft;« – Aber wann?

Ich kam in französische Gefangenschaft.

Es kamen Franzosen ins Lager, die sich Leute von uns aussuchten zum Arbeiten in der Landwirtschaft. Ich wurde gefragt, ob ich etwas vom Ackerbau verstehe; das konnte ich bejahen. So wurde ich Landarbeiter, dann Bergarbeiter und schließlich Maurer. Es gab Stationen bei Metz/Normandie, Nivers, Stiring-Wendel (Elsaß-Lothringen).

Man brachte mich zu einem Bauernhof in Frankreich in der Nähe von Metz. Der Patron war aber nicht anwesend; er lag im Krankenhaus. Hier erging es mir schlimm; das Essen wurde mir nach draußen auf den Hof, vor die Tür gebracht. Meistens gab es Suppe und ein Stück Brot dazu. Es war nicht genug für einen Mann von 1,90 m Größe. Ich hatte jeden Tag furchtbaren Hunger. Später wurde ich in die Küche geholt, wo alle aßen, etwas abseits zwar, aber ich durfte doch mit am Tisch sitzen, jedoch satt wurde ich nicht. Neue Leute kamen hinzu – einer sprach Deutsch, der fragte mich, ob ich nicht satt werde. Ich sagte »nein, ich werde hier nicht satt.«

Dann kam der Cousin von der Madame aus Deutschland zurück, wo er fünf Jahre in Bayern in Gefangenschaft verbracht hatte. Dieser war mir sehr feindlich gesonnen, ärgerte mich, wo er nur konnte und sagte: »Du deutsches Schwein.« Ich erledigte meine Arbeit stillschweigend weiter, antwortete nicht, hackte Holz, arbeitete auf dem Feld, nachdem sie mich auch gefragt hatten, ob ich von Landwirtschaft etwas verstehe, und ich habe geantwortet: »Ja, ich bin Bauer!«

Kleidung! Das einzige Hemd, das ich hatte, trug ich schon monatelang. Als ich es waschen wollte, zerriß es in lauter Stücke; nun hatte ich kein Hemd mehr. Inzwischen war der Patron aus dem Hospital nach Hause gekommen. Ich begrüßte ihn mit stramm stehen und »bon jour, Monsieur«.

Er war sehr freundlich zu mir und sagte, daß im Bürgermeisteramt Kleidung verteilt würde. Dort schickte er mich hin, ließ mich auch wissen, daß der Cousin Joseph dort sei. Ich ging zum Bürgermeisteramt, probierte eine Jacke an, die paßte nicht. Die nächste paßte; ich sagte ›bon‹!

Dann kam Joseph auf mich zu und sagte, ich solle die Jacke ausziehen, ich sei prisoner und dürfe hier nicht sprechen. Dann packte ich ihn am Schlafittchen und warf ihn zu Boden. Der Sekretär und ein weiterer Bediensteter schimpfte mit Joseph, daß er daran schuld sei. Joseph mußte hinausgehen, nun bekam ich Kleidung, Hemd und Hose (Chemise et Pantalon).

Jedoch Joseph drohte mir und tatsächlich kamen nach einigen Tagen zwei Gendarmen aufs Feld, um mich mitzunehmen. Der Patron wollte mir helfen, erzählte ihnen wie sich alles zugetragen hatte; sie gingen auch wieder weg, aber nach weiteren Tagen kam ein Schreiben von der Behörde, worin bestimmt wurde, daß ich hier weg müsse. Der Patron sollte mich in ein bestimmtes Lager bringen. Er war sehr ärgerlich, weil er mich gerne behalten wollte.

Wir mußten mit dem Bus nach Nivers bei Metz fahren. Der Bus fuhr aber an der Haltestelle an uns vorbei; so hatten wir wieder eine Woche Zeit, bis der nächste Bus kam. – Im Büro des Lagers mußten wir uns dann melden. Wieder verteidigte der Patron mich sehr, jedoch es half nichts; er mußte mich da lassen. Aber er unterhielt sich noch mit einem anderen Franzosen, welcher einen Arbeiter brauchte. Dieser suchte mich dann aus und bekam mich, und so gelangte ich zu meinem nächsten Arbeitgeber.

Gefangenschaft und Weihnachten 1947

Auf diesem Hof gab es ein junges Pferd, welches eines Tages durchging. Es war vor die Hungerharke (landwirtschaftliches Gerät zum Heu wenden) gespannt. Der Patron saß etwas unglücklich heruntergerutscht von dem Sitz. Das Pferd rannte wild davon.

Geistesgegenwärtig zog ich meine Jacke aus und stülpte sie dem Pferd über den Kopf. So konnte ich es stoppen und den Patron retten. Durch dieses Ereignis und meine Hilfe war ich sehr angesehen bei der Familie. Sie nannten mich Charles. Hier hatte ich es ziemlich gut. –

Später mußte ich noch in einem Bergwerk arbeiten und Kohlen hacken; und dies war sehr schwer für mich. Für einen so großen Mann von 1,90 m ist es eine Qual in einem so niedrigen Schacht arbeiten zu müssen. Ich bekam Rheuma, schlimme Schmerzen im Rücken und mußte zum Arzt. Dann brauchte ich nicht mehr hinunter, aber eine Bescheinigung wäre notwendig gewesen, denn ohne diese konnte ich später keine Ansprüche mehr bei der Berentung wegen solcher Schäden stellen.

***

Tante Anna (meine Frau) hatte meine Adresse irgendwie erfahren. Es war ja eine Zeit, da jeder seine

Angehörigen suchen mußte und das Rote Kreuz war da sehr hilfreich.

Im Laufe des Jahres 1947 kam also ein Brief von Anna; es war der zweite, der erste ist nicht angekommen. Sie teilte mir mit, wo sie sich mit unserer Tochter Christa aufhielt, und zwar in Griebenow bei Greifswald. Sie erwähnte nichts davon, daß Helga, die Zwillingsschwester von Christa 1945 an Typhus verstorben war. Das erfuhr ich erst später als ich nach Griebenow kam, um sie beide mitzunehmen nach Frankreich. Der Verlust meiner kleinen Helga schmerzte mich unsagbar.

Mittlerweile war ich bei einem Franzosen als Maurer beschäftigt. In der Weihnachtszeit bekam ich einige Wochen frei (alle, die dort beschäftigt waren, durften Weihnachten nach Hause).

Und so ging ich los mit einem Holzkoffer, welchen ich mir selbst gebaut hatte mit einem Lederriemen als Handgriff und ein Schmalztopf darin für unterwegs sowie eine Wurst, bis Neuwied. Es waren noch andere Menschen mit mir. Sie wollten über die Rheinbrücke. Ich erfuhr, daß die Brücke am nächsten Morgen um 7.00 Uhr gesprengt wird. Und so geschah es. Wir kamen da nicht hinüber.

Ich mußte weiter! Ich weiß nicht mehr woher, aber von irgendwo hatte ich die Adresse von meinem Bruder Wilhelm bekommen. Er arbeitete auf einem kleinen Bauernhof bei Hannover. Dort ging ich hin (Anmerkung: er ist sicher nicht zu Fuß dort hingegangen, wohl auch mit der Eisenbahn gefahren). Die Bäuerin lebte dort mit ihrer 25jährigen Tochter.

Sie, die Bäuerin, sagte mir: »Ja, Wilhelm Heim wohnt hier, aber ich glaube, er wird nicht bei uns bleiben!«

Ich dachte, Wilhelm ist schön dumm, er sollte lieber dort bleiben, wo er sich satt essen kann.

In meinem Holzkoffer, dem selbstgebauten, hatte ich auch Wäsche und Kleidung als Geschenk für Anna und Christa aus Frankreich mitgebracht. Das nur nebenbei.

Wilhelm wiederum wußte die Adresse von unserem Bruder Gustav. Der lebte mit seiner Familie ebenfalls bei Hannover.

Ich ließ meinen Holzkoffer bei Wilhelm und ging nach Barsinghausen, um Gustav und Familie zu besuchen. Gustav hatte auch Arbeit auf einem großen Bauernhof gefunden, wo auch seine Frau und sein Sohn mitarbeiteten. Die älteste Tochter hatte eine Stelle auf einem anderen Hof und die jüngste ging noch zur Schule, (das bin ich, Ingrid).

Sie wohnten im zweiten Stock in einem Zimmer und einer kleinen schrägen Dachkammer.

Am nächsten Tag wieder hin zu Wilhelm. Zusammen fuhren wir beide mit der Eisenbahn in Richtung Grenze und bis Greifswald. Es war ein außergewöhnlich kalter Winter – und nun morgens um 5 Uhr in Greifswald am Bahnhof.

Auf die Frage, wie man weiterkomme nach Griebenow, gab es als Antwort nur die einzige Möglichkeit: »Mit dem Milchwagen!«

Der Kutscher mit dem Milchwagen kam; wir wurden auch beide mitgenommen hinten auf dem Milchwagen, aber ohne Schutz, ohne Decke in Eiseskälte. Anfang Januar 1948. Es war furchtbar, ihr könnt es euch nicht vorstellen, wir haben beide an unser Ende gedacht.

Doch es war noch nicht soweit – auch diese Strapaze haben wir überstanden.

Wir kamen bei Anna und Christa in Griebenow an.

Beide lebten in einer Dachstube bei einer Frau (die Hausbesitzerin). Nach einigen Tagen der ›sogenannten‹ Erholung und Erwärmung packten wir die wenigen Habseligkeiten zusammen: ein bißchen Kleidung, ein paar Kochtöpfe, eine Bratpfanne – was man so tragen konnte. Hier nun hatte ich erfahren, daß unsere Tochter Helga im September 1945 an Typhus gestorben war.

Diese Nachricht hat mich tief und schmerzlich getroffen, denn ich habe meine Mädchen beide über alles geliebt. Und nun fehlte meine Helga! –

Zu Dritt machten wir uns auf den Weg, wieder nach Frankreich. Nach Hause nach Hinterpommern durften wir nicht. –

Mein Bruder Wilhelm hatte andere Pläne, er zog eine andere Straße, einem anderen Ziel entgegen, einem ebenso ungewissen und wie immer – allein. Er hatte keine Familie, war immer auf der Suche und kam nie ans Ziel!

An der Grenze zu Frankreich wurden wir aufgehalten, durften nicht hinüber; ich wohl, denn ich konnte meinen Urlaubsschein vorlegen, welchen ich von meinem Maurermeister mitbekommen hatte, aber Anna und Christa durften nicht mit. Beide brachte ich zunächst bei einer Familie unter und ging allein zurück zu meinem Patron. Im Bürgermeisteramt ließ ich mir eine Bescheinigung ausstellen, daß ich mit meiner Familie dahin kommen dürfe. Danach fuhr ich zurück zu dem Grenzort, holte Anna und Christa ab. Wir blieben etwa ein Jahr in Frankreich, in Stiring Wendel.

Dann ging es zurück nach Deutschland. Wir kamen nach Willstätt bei Kehl, wo ich zunächst in der Landwirtschaft Arbeit fand. Bald ergab sich die Möglichkeit, dort einen Hof von älteren Leuten zu pachten, den wir später als Eigentum erwerben konnten, denn fleißig waren wir.

Für Christa besorgte ich eine Lehrstelle als Gärtnerin. Sie lernte im Beruf einen Gärtner kennen, es kam zur Heirat, und sie übernahmen eine Gärtnerei. Drei Söhne wurden geboren.

Anna starb 1984, dann verkaufte ich den Hof in Willstätt und zog zu Tochter Christa und Familie.

Onkel Karl erzählt

Onkel Karl erzählte uns auch die Geschichte, wie er seine Anna kennengelernt hat. Sie wohnte in Ferdinandstein, also auf der Seite der Ostoder. Das war Hinterpommern.

Er war total verliebt. Wo er sie kennengelernt hat, weiß ich nicht. Eines Sonntags wollte er sie besuchen. Es war Winter und die Oder war zugefroren. Der kürzeste Weg war natürlich über die Oder und die Oderwiesen. Und diesen Weg nahm er. Er mußte nun ja über die Westoder, dann über die Wiesen und auch über die Ostoder.

Jedoch irgendwo drüben in Ufernähe war das Eis dünn, er brach ein, kämpfte mit einer Eisscholle ums Überleben und konnte sich retten. Kurz darauf kam ein Eisbrecher vorbei, die im Winter immer eingesetzt wurden, um eine Fahrstraße für die Schiffe zu schaffen. Dieser wäre ihm ein wenig früher nützlicher gewesen.

Nun war er durchnäßt und durchfroren und kam erschöpft in Ferdinandstein bei Anna an. (Es muß wohl im Jahre 1928/1929 gewesen sein, denn sie heirateten in 1930).

In Retzowsfelde, in der Nähe von Ferdinandstein hatte er sich umgezogen, denn hier gab es Verwandte.

Als er nun zu Anna kam, ließ sie ihn erst mal draußen stehen, was solle denn ihr Vater denken. Ihre Mutter war schon verstorben. Nach langem Hin und Her durfte er dann zu Vater Höppner mit hinein in die warme Sonntagsstube, die der Kachelofen wärmte. – 1930 wurde geheiratet. Diese kleine Episode nebenbei, aber ich finde sie interessant.

Cousine Helga Heim

Sie war geboren am 15. März 1933 in Brünken-Neuteich/Hinterpommern, Tochter von Onkel Karl und Tante Anna und Zwillingsschwester von Christa. Tante Anna wohnte mit den beiden Mädchen im Sommer 1945 bei uns im Haus, denn Niederzahden liegt an der Westoder; sie durften also nicht hinüber nach Brünken.

Es brach Typhus aus. Auch Helga wurde sehr krank. Oben in ihrer Stube habe ich sie mit Mama noch besucht; sie sah unsagbar elend aus. In derselben Nacht starb sie. Es war der 25. September 1945. Es war schlimm und traurig, denn wir hatten sie alle sehr lieb. Frau Berg aus unserem Dorf kam – eine fromme Frau, die wunderbar singen konnte und hielt eine kleine Predigt. Dann sangen wir alle das Lied

> Laßt mich geh'n, laßt mich geh'n,
> daß ich Jesu möge seh'n!

Tante Anna und Christa brachten sie auf einem Handwagen nach Schillersdorf, wo auch Tante Elisabeth Peckbrenner auf ihrem Bauernhof lebte (Schwester von Papa). Ob die Tante nun zu Hause war oder noch unterwegs vermag ich nicht zu sagen.

Aber hier in Schillersdorf/Oder sollte Helga begraben werden. Ein ehemaliger Soldat half ihnen. Sie holten noch einige Lebensmittel von Peckbrenners Hof; dann zogen sie weiter in Richtung Greifswald, dort in der Nähe von Grimmen lebten noch Verwandte von Tante Anna.

Noch zu erwähnen ist, daß sie beide zehn Tage in Schillersdorf blieben. Christa war sehr krank vom Trauerschmerz, dem Verlust ihrer Zwillingsschwester. Am 5. Oktober 1945 zogen sie weiter von Schillersdorf nach Rosow (auch dort gab es Verwandte). In Rosow blieben sie vierzehn Tage, bis es Christa wieder besser ging. Nun gingen sie zum nächsten Bahnhof, um nach Griebenow bei Grimmen, nahe Greifswald zu gelangen. Wieder zu Verwandten von Ihrer Mutter.

Nach Weihnachten 1947 holte Onkel Karl sie hier ab und nahm sie mit nach Frankreich, Stiring-Wendel.

Onkel Karl besuchte unsere und seine Heimat mehrmals; zuletzt 1987 im Alter von 80 Jahren. Den Verlust konnte er nie überwinden. Und ebenso erging es all unseren Verwandten, die aus Pommern vertrieben wurden. Leid bis ans Lebensende.

Bei Onkel Karl kommt noch der Verlust seiner Tochter Helga hinzu, die schon so früh hatte sterben müssen.

Er hat uns auch immer wieder vom Krieg erzählt, der amerikanischen Gefangenschaft in Remagen, Binger Loch, das Leiden und Sterben vieler Kameraden ringsherum mit ansehen zu müssen; all das hat ihn so verbittert, daß der Glaube an einen Gott, den Großmutter und Urgroßmutter Heim den Kindern und Enkeln ihres einzigen Sohnes Wilhelm H. vermittelt hat, für ihn keine Gültigkeit, keinen Wert mehr hatte. Onkel Karl starb am 7. Nov. 1995 in Gundelfingen.

Onkel Karl schreibt mir in einem Brief am 23. Dezember 1992

1992 haben wir hinter uns gebracht, für uns Vertriebene ein sehr trauriges Jahr, denn vor einem Jahr hat man unsere schöne Heimat mit einem Viertel von Deutschland, unserem uralten Vaterland, an Polen verschenkt. Ich erinnere mich an eine Urkunde von 1120 (elfhundertzwanzig), die in unserem Vaterhaus – im alten Haus hing und folgendes besagte:

»Name H e i m /
die Urkunde wurde erneuert im
15. Jahrhundert und
bekundete 18 bäuerlichen Wirten (Germanen)
die Berechtigung auf Ackerbau, Jagd, Fischerei
und Viehzucht
in dieser Gegend!«

Mit Waffengewalt wurden wir von unserem geliebten Zuhause vertrieben. Mein Vater Wilhelm Heim wurde mit Holzpantoffeln von seinem Hof zum Sammelplatz getrieben und geschlagen. Er ging mehrmals in sein Haus zurück.

Ernst Wegner wurde erschossen und Rudolf Schulz bekam die Kugel ebenfalls. Meine kleine Helga mußte ihr junges Leben lassen. Sie zählt zu den zweieinhalb Millionen, die bei der Vertreibung umgekommen sind. Auch ich war ein Christ, aber was ich erlebte und mit ansehen mußte habe ich nicht vergessen.

Auch ich habe gedacht, es gibt einen lieben Gott; er führt uns auf den richtigen Weg. Wir sangen und singen heute noch

»Lobe den Herren ...« und »Nun danket alle Gott ...«

Schon im ersten Weltkrieg mußten unsere Soldaten vor und nach dem Angriff antreten und singen:

»Wir loben dich droben, du Lenker der Schlachten, wir kämpfen und fechten mit all unsern Kräften, wir siegen für den Frieden, denn Herr, der Sieg ist ja Dein!«

Und auf meinem Koppelschloß stand »Gott mit uns«.

Also nach unserem Glauben führt der liebe Gott die Kriege und das ist ein sehr schlechter Führer!

***

Anmerkung Ingrid: Nein, Onkel Karl, das ist nicht unser Glaube,
da haben sich die falschen Menschen den lieben Gott aneignen wollen!

Unser Glaube ist: Gott ist Liebe und wer in der
Liebe bleibt, der bleibt
in Gott und Gott in ihm!

Christen, echte Christen, beginnen keinen Krieg und die, welche Kriege machen, sind keine Christen!

Mein Vater erzählt:

Gustav *Heim*

Seine Kindheit! Er wurde geboren am 8. Januar 1901 in Stettin-Niederzahden an der West-Oder. Damals gehörte die Gemeinde Niederzahden zum Kreis Randow. Seine Mutter Martha Heim geb. Tappert starb früh 1909, als er gerade acht Jahre alt war. Sein Vater war der Bauernhof-Besitzer Wilhelm Heim. Seine Geschwister waren:

Johanna geb. 1897
Frieda geb. 1899
(Gustav geb. 1901) mein Vater
Elisabeth geb. 1902
Wilhelm geb. 1905
Karl geb. 1907

Diese alle von der ersten Frau meines Großvaters, Martha Tappert!

Dann gab es eine Stiefmutter Hedwig Heim geb. Wegner. Onkel Karl sagte mir, sie sah gut aus, aber wir

Jungens hatten viel Hunger und bekamen nicht genug zu essen. Von dieser Stiefmutter wurde noch ein Sohn geboren:

   Walter geb. 1921

Auch diese 2. Mutter starb bald. Nach dem Tod versorgte die Großmutter Philippine Heim geb. Berg – also meine Urgroßmutter– die große Familie mit sieben Kindern. Diese meine Urgroßmutter hatte nur einen Sohn geboren – meinen Großvater Heim; er wog bei der Geburt zwölf Pfund, sechs Kilo. Ihr Mann starb auch schon früh. Aber Opa heiratete auch noch ein drittes Mal, jedoch es kamen keine Kinder mehr.

Als mein Vater 27 Jahre alt war, überschrieb sein Vater, Wilhelm Heim, ihm den Bauernhof, denn Gustav war der älteste Sohn. Das war im Jahr 1928.

Großvater hatte noch ein sehr schönes großes Haus gebaut, in welchem vier Familien Platz hatten und er selbst. Dort bewirtschaftete er auch noch eine Gärtnerei, und er war Fischer.
  Mein Vater heiratete am 14. Mai 1928 Elisabeth Beyer aus Niederzahden. Aus dieser Ehe gingen drei Kinder hervor:

   Anni geb. am 2. März 1929
   Martin geb. 6. August 1930
   Ingrid geb. 6. Februar 1935

Meine Mutter – auch Bauerntochter – hatte eine Mitgift bekommen von fünftausend Reichsmark, dazu Wäsche und Aussteuer wie damals für Bauerntochter üblich.

Der Bauernhof hatte eine normale mittlere Größe von ca. 80 Morgen Ackerland. Dazu gehörten Oder-Wiesen, Fischerei- und Jagdberechtigung sowie Nutzung der Forstwirtschaft und natürlich allerlei Nutztiere.
Unsere Familie lebte hier glücklich und zufrieden, trotz aller Arbeit auf diesem Hof in der wunderschönen Umgebung des Odertales. Doch die Wirren des Hitler-Regimes begannen und der zweite Weltkrieg.

Zu erwähnen ist hier noch, daß die Schwestern meines Vaters in andere Höfe der umliegenden Nachbardörfer einheirateten.
Sein Bruder Karl erwarb einen Hof in Brünken-Neuteich (das ist schon Hinterpommern) . Bruder Wilhelm ging nach Berlin, und Walter, der jüngste, blieb bei seinem Vater.

Vater erzählt: Militärzeit

1941 mußte er zum Militär, für ein Jahr nach Neustettin und Stolp in Hinterpommern.

Von Neustettin aus wurden Pferdetransporte durchgeführt mit der Eisenbahn nach Jablonsk und Minsk in Rußland. Er mußte solche Transporte begleiten. Die Fahrt dauerte etwa eine Woche bis dahin. Die Pferde wurden abgeliefert und kranke wieder mit zurückgenommen. Es war ein Elend sondergleichen, besonders im Winter, denn die Tiere hatten kein Futter, fraßen Stroh von den Dächern der russischen Häuser und knabberten an allen möglichen Büschen und Zweigen herum. Furchtbar mit ansehen zu müssen, wie die Tiere litten. Für meinen Vater ein entsetzlicher Zustand, der Pferde und überhaupt seine Tiere über alles liebte.

Als nach einem Jahr vom Militär ein Aufruf erfolgte, es würden Leute (Soldaten) für Frankreich gesucht in der Normandie, also die sog. Westfront, meldete er sich und wurde nach dort zusammen mit acht bis zwölf weiteren Kameraden versetzt. Hier blieb er nicht lange, sondern wurde wieder versetzt nach Scheveningen in den Niederlanden als Geschützführer.

Mit dem Fernrohr wurden Flieger, feindliche, ausgemacht und mit dem Ellenbogen wurde das Geschütz bedient, um diese abzuschießen.

Nach kurzer Zeit mußte er wieder wechseln, wurde

der Abteilung für die Abschußbasis der V 2 – Rakete zugeteilt; diese wurde auf Schienen herangefahren und aus einer Entfernung von ca. 50 Metern gezündet. Sie startete senkrecht hoch, kippte dann in Richtung England und ging dort zielgerecht auf eine vorgegebene Stadt hinunter. So wurden englische Städte zerstört. Aber sobald dieses Geschoß in England niederging, kamen die englischen Flieger und beschossen bzw. bombardierten die Stellungen der Deutschen.

April 1945 in Scheveningen:

Der Krieg ging dem Ende zu. Sie lagen in Bunkern; Verpflegung war noch reichlich vorhanden, als die Engländer und Amerikaner bereits in der Normandie/Frankr. gelandet waren. Einige Zeit lang konnten sie die Alliierten auf den Straßen von ihren Bunkern aus beobachten, die sich scheinbar um sie noch nicht kümmerten. Wie lange dies dauerte, konnte Vater mir nicht sagen, denn Zeit und Raum waren nicht mehr erkennbar und auch nicht wichtig.

Aber sie wurden bald gefunden und alle Deutschen Soldaten zusammengeholt, dreißig Kompanien, und dann mußten sie nach Den Helder marschieren, auf Wiesen übernachten in Zelten mit sechs Personen.

Gefangenschaft 1945

Als sie aufwachten, war es naß an den Beinen – sie lagen im Wasser. Danach wurden sie auf ein Schiff gebracht, welches nach Groningen fuhr. Die Uhr wurde ihm abgenommen von einem Wachmann; sie befanden sich in britischer Gefangenschaft. Von Groningen ging es weiter nach Wittmund in Ostfriesland. Zeitlich muß es Ende April 1945 gewesen sein. Im Lager in Wittmund blieben sie nicht lange. Es wurden Personalien aufgenommen und jeder wurde befragt, wohin er gehen möchte. Es wurden einige Städte angeboten u. a. auch Hannover.

»Ich konnte doch nicht ›Stettin‹ sagen, denn dort waren die Russen!« Sein Kamerad riet ihm, mit nach Hannover zu kommen, und er bekam den Entlassungsschein nach Hannover. Die Entnazifizierung wurde hier ebenfalls durchgeführt. In Wittmund/Ostfriesland war also die Freilassung aus kurzer Gefangenschaft gewesen.

In einem Dorf fand er Arbeit bei einem Bauern für einige Monate, etwa bis Ende Juli. Dann wollte er weiter nach Stettin-Niederzahden, um seine Familie zu suchen. Aber vorher holte er den freundlichen Bauersleuten noch ihren Sohn nach Hause, welcher sich im russisch besetzten Gebiet befand.

Papa ging schwarz über die Grenze, d. h. heimlich, Schleichwege, Nachts. Danach schlug er sich durch mit der Eisenbahn, die übervoll von Menschen war (sie hingen draußen an den Zügen, lagen oben auf den Dächern und saßen zwischen den Waggons auf der Plattform) bis zur Bahnstation Kolbitzow und ging die letzten zwölf Kilometer zu Fuß bis Niederzahden.

Er fand seine Familie zu Hause vor, aber wie? Mutter lag schwer krank an Typhus, die sechzehnjährige Anni ebenfalls, Martin hatte Ruhr gehabt. Ingrid war gesund geblieben. Doch all die anderen Verwandten, die noch im Haus waren, lagen ebenfalls krank an Typhus.

Nur sehr mühsam konnte einer nach dem anderen wieder auf die Beine kommen, gestützt auf Stöcke und fast ledig der schönen Haarpracht. Es fehlte an gesunder Nahrung und an Medikamenten.

Zwei starben, eine Tante und eine Cousine!

Mein Vater hat die Wende, die sogenannte »Wiedervereinigung«, nicht mehr erlebt. Er starb im September 1988 im Alter von 87 Jahren. Bis zuletzt hatte er gehofft, daß eine friedliche Regelung über die ostdeutschen Gebiete von den Politikern angestrebt werden würde, doch nichts geschah.

Hinfahren, nur zum gucken, nein, das konnte er nicht. Er sagte uns: »Das bricht mir das Herz, es tut zu weh!«

Vielleicht war es gut, daß er die Auflösung der DDR nicht mehr erleben mußte und die daraufhin erfolgte Abmachung, sprich Polenvertrag 1991, die uns endgültig alles nahm. Es wurde nicht einmal verhandelt mit Polen und den anderen Besatzer-Mächten.

Nicht über Stettin, nicht über Usedom, denn die Oder-Grenze stimmt auch nicht; wir lebten westlich der Oder.

Geschwister meines Vaters, sein Vater und seine Großmutter

Meine *Urgroßmutter Philippine Heim* geb. Berg wurde geb. 1848 und starb 1942 in Niederzahden bei uns im Haus; war drei Tage aufgebahrt (ich weiß es noch); sie war 94 Jahre alt.

Ihr Mann *August Heim* ist früh gestorben, etwa 1905 (soweit sich Onkel Karl erinnert).

Mein *Großvater Wilhelm Heim*, geb. am 12. 2. 1873 in Niederzahden starb am 29. 6. 1951 in Wittenweier bei Offenbach/Baden (er lebte die letzten Jahre nach der Vertreibung bei seinem jüngsten Sohn Walter in Wittenweier). *Hanna Winkelmann* geb. *Heim* (älteste Schwester von meinem Vater), geb. 1897 heiratete in einen Bauernhof nach Schillersdorf. Sie starb an einem Magengeschwür/Magendurchbruch beim Blutrühren (Schweineschlachten) etwa 1938/39. Sie hatten zwei Töchter, Elsbeth und Gerda

Tante Frieda Thiel geb. *Heim*, geb. 1899 heiratete nach Schöningen/Oder auch in einen Bauernhof (Paul Thiel). Sie starb am 26. Aug. 1974 in Kirberg/Ts. Sie hatten einen Sohn Erich (Nov. 2002 verstorben).

Erich war zu DDR-Zeiten Brigadier auf dem Gut von Lettow-Vorbeck in Schönow bei Tantow.

Tante Elisabeth Peckbrenner geb. *Heim*, geb. am 15. Okt. 1903 heiratete in einen Bauernhof nach Schillersdorf an der Oder (Karl Peckbrenner). Ihr Mann Karl P. wurde 1944 von einem jungen Flakhelfer in der Dunkelheit erschossen, es muß versehentlich passiert sein, man weiß es nicht genau. Tante Elisabeth starb 90jährig im Altersheim in Gundelfingen. Sie hatten ein Kind/Junge adoptiert.

Onkel Wilhelm Heim geb. am 21. Mai 1905 lernte Gärtner in Stettin. Danach ging er nach Berlin, wo er blieb bis er zum Militär eingezogen wurde und diese Zeit in Italien verbrachte, nach Kriegsende kam er für kurze Zeit zurück, es zog ihn aber wieder nach Italien, wo er als Pferdebetreuer für einen Rennstallbesitzer arbeitete. Er verbrachte noch eine Zeit lang in Berlin, lebte später in Wehen/Ts. bei seinen Schwestern Frieda und Elisabeth und starb 1978 im Altersheim in Kirberg/Taunus. – Er war Junggeselle aus Leidenschaft, besaß keinen Hof und kein Grundstück; er liebte die Großstadt und genoß sein Leben!

Onkel Karl Heim geb. am 6. Mai 1907 schreibt mir 1991 wörtlich: »Dann ist da noch ein Karl Heim geb. im Wonnemonat Mai 1907, der lebt immer noch, wurde Landwirt mit Obst- u. Gemüsebau und hatte zwei wunderschöne Töchter, geb. am 15.3.1933. Tochter Helga starb am Hungertyphus am 25.9.1945 in Niederzahden.«

Tante Hannchen erzählt (geb. 1893, gest. 1978)

1942

Es war in der letzten Oktoberwoche (am 23.10. hatte sie ihren Geburtstag) und um diese Zeit hörte sie eines Nachts jemand an die Fensterläden klopfen. Sie erschrak sehr, döste wieder etwas ein, aber nach einer Weile klopfte es noch einmal; sie guckte aus dem Fenster, aber niemand war da.

Dazu ist folgendes zu erklären: Sie, Tante H. u. Onkel A. hatten einen Sohn, welcher nun, wie so viele junge Männer, seit etwa einem halben Jahr beim Militär seinen Dienst tun mußte. Er war Soldat in Rußland im Kaukasus.

Einige Tage nach dem nächtlichen Klopfen erhielten sie die Nachricht, daß der Sohn verwundet worden sei durch Granatsplitter an der Hüfte. Man hatte ihn schon mit anderen Verwundeten in ein Militärlazarett nach Lublin in Polen gebracht. Es war den Eltern freigestellt worden, dorthin anzureisen, um dem Sohn Blut zu spenden. Tante Hannchen fuhr los, von Stettin mit der Eisenbahn nach Lublin. Sie spendete Blut, blieb bei ihrem Jungen zwei Wochen lang. Er sagte: »Mama, ich bin doch erst zwanzig, soll ich denn nun schon sterben?« Er starb am 16. November 1942! Es war Gasbrand.

Eine verzweifelte Mutter mußte ohne ihren geliebten Sohn abreisen, es war ihr einziger gewesen.

Sie bat verzweifelt darum, ihn in der Eisenbahn mitnehmen zu dürfen, um ihn zu Hause begraben zu können. Der deutsche Offizier lehnte ab aus verständlichen Gründen, die auch die Mutter überzeugten:

»Liebe Frau, die Eisenbahn ist überfüllt in beide Richtungen, ob nach Stettin-Berlin oder umgekehrt, mit deutschen Soldaten. Sollte nun auf irgendeiner Station noch mehr Platz gebraucht werden für Geräte, Lebensmittel, Munition, Rücktransporte welcher Art auch immer, wird der Leichnam, der ja im Güterwagen transportiert werden muß, irgendwo ausgeladen, und Sie wissen dann nicht, wo er begraben liegt. Wenn er hier in Lublin beigesetzt wird auf dem Soldatenfriedhof, haben Sie immer Gewißheit, wo Ihr Sohn liegt und ein Foto bekommen Sie auch«. Und so geschah es.

Natürlich hat sie ihr Leben lang unter dem Verlust des Sohnes gelitten; das Foto mit dem Holzkreuz stand auf der Kommode und wurde stets mit frischen Blumen geschmückt.

Später kam dann noch die Vertreibung von Haus und Grundbesitz und Heimat hinzu!

Onkel Albert, der Friseurmeister

1945

Es hatte sein Gutes, daß Onkel Albert Friseurmeister war. Nicht nur, daß er in die russische Kommandantur regelmäßig bestellt wurde, um Offizieren und dem Kommandanten die Haare zu schneiden, wo er dafür auch immer ein gutes Essen bekam und für Tante H. gleich mit, sondern es sprach sich auch bei den gewöhnlichen Soldaten herum, daß dieser kleine, zierliche Mann zu schonen sei, denn wer in aller Welt sollte sonst den Männern die Haare abschneiden. In Anbetracht dieser Tatsache läßt sich davon sprechen, daß er sich einreihte in die sonst üblicherweise hervorgehobene Elitegruppe ›Doktor – Pastor – Lehrer‹. Alle drei gab es in Niederzahden zu dieser Zeit nicht, wohl aber den Friseurmeister .

Dieses Handwerk hat auch in den Nachkriegsjahren den beiden Früchte getragen, denn später im Schleswig-Holsteinischen hat er mancher Bauernfamilie den gewünschten Haarschnitt gegen Milch, Butter und Eier verpaßt, wie schon erwähnt. Und der Krieg hat auch ihnen ein großes Opfer abverlangt. Ihr Sohn, der einzige, wurde 1942 schwer verwundet und starb zwanzigjährig im Lazarett, wie bereits vorher schon gesagt.

Der Schimmelreiter geht um!

1945

Zur Zeit der Plünderungen fürchteten sich alle Dorfbewohner besonders vor einem russischen Reiter, denn er kam unverhofft in zeitlichen Abständen ins Dorf – meistens am Tage. Er war sehr aggressiv und forderte viel, besonders Uhren wollte er haben. Da er auf einem Schimmel ritt, wurde er »Der Schimmelreiter« genannt. Wenn er auftauchte, ging sofort ein Raunen durchs Dorf, einer sagte es dem anderen »der Schimmelreiter kommt«! Die Benachrichtigung klappte auch ohne Telefon.

Er kam aus Richtung Kurow, kehrte als erstes bei Tante Hanna Onkel Albert ein, denn sie wohnten am Ortseingang.

Die übliche Ansprache war immer »Frau, du hast Ure, wo versteckt?« oder wonach er sonst noch fragte. Tante H. u. Onkel A. waren schon älter. Sie sprach immer freundlich mit ihm, auch wußte er, daß dies hier der Friseurmeister war, und so kamen sie glimpflich davon.

Anni erzählt nicht –
sie leidet ihr ganzes Leben lang!

Ruhelos zog sie von einer Stadt zur anderen und fand keinen Halt, nirgendwo. Sie wollte nach Hause, immer nur nach Hause. Eine kaputte Ehe und nur noch Schmerz und Leid gaben ihr den Rest und Krankheit, bis sie im Jahr 2000 im Alter von 71 Jahren erlöst wurde.

Sie hat sich den Anspruch auf einen guten Platz im Himmel erworben, und ich bin sicher, daß der liebe Gott ihr diesen reserviert hat.

Ein verständiger Pastor hat eine wunderbare Trauerpredigt für sie gehalten, die den Psalm 69 zum Inhalt hatte, welcher genau treffend war und den ich hier noch aufschreiben möchte:

> Gott hilf mir,
> denn das Wasser geht mir bis an die Kehle.
> Ich versinke im tiefen Schlamm,
> wo kein Grund ist;
> ich bin in tiefe Wasser geraten,
> und die Flut will mich ersäufen.
> Ich habe mich müde geschrien,
> mein Hals ist heiser.
> Meine Augen sind trübe geworden,
> weil ich so lange harren muß
> auf meinen Gott.
> Gott, du kennst meine Torheit,

und meine Schuld ist dir nicht verborgen.
Ich bin fremd geworden meinen Brüdern
und unbekannt den Kindern meiner Mutter.
Ich weine bitterlich.
Erhöre mich, Herr, denn deine Güte
ist tröstlich, wende dich zu mir
nach deiner großen Barmherzigkeit.
Die Schmach bricht mir das Herz
und macht mich krank.
Ich warte, ob jemand Mitleid habe,
aber da ist niemand, ich finde
keine Tröster.
Ich aber bin elend und voller Schmerzen .
Gott, deine Hilfe schütze mich !

Opa Wilhelm Heim

Als wir im April 1945 mit dem Pferdewagen loszogen, blieben doch einige Leute zurück, vor allem ältere. So auch mein Großvater, groß von Statur, eigensinnig, aber mehrere Wohnhäuser hat er gebaut und Stall-Gebäude. Seine Worte waren:

»Hier bin ich geboren,
und hier will ich auch sterben!«

Er war 72 Jahre alt, geboren 1873. Daß er später doch noch weggetrieben wurde und weit weg von zu Hause im Rheinland sterben mußte, war für ihn eine entsetzliche Grausamkeit.

Drei Familien, die in Großvaters Haus gewohnt hatten, waren bereits fort. Seine Gärtnerei mit Wohnung auf der Südseite des Hauses hatte er verpachtet an eine Familie Adam. Es waren vier Personen, Vater, Mutter und zwei erwachsene Töchter. Frau A. stammte aus der Ukraine; sie konnte also russisch sprechen. Aus diesem Grunde hatte die Familie keine Furcht vor den Russen. Sie verließen Niederzahden nicht.

Oma Therese Beyer, geb. Will, war im 81. Lebensjahr. Sie fuhr auf dem Wagen von Onkel Theo, Tante Hermine und Heinz mit.

Beyers fuhren aber eine andere Richtung als wir, sie fuhren in Richtung Grimmen bei Greifswald.

Verschiedenes

Hühnerschlachten in Wollin

April 1945

Bevor wir mit den drei Fuhrwerken (Berndts, Glasenapps und unserem) losfuhren von Wollin, war noch allerhand zu erledigen. Es gab z. B. noch Hühner, die abgeschlachtet und mitgenommen werden sollten.

Es war der Tag nachdem die Scheune eines Bauern abgebrannt war. Die Erwachsenen beschlossen, daß man noch heute aufbrechen solle in Richtung Westen. Es sollten vormittags Hühner geschlachtet werden. An diese Aktion erinnere ich mich recht gut, aber ungern, dennoch möchte ich den Vorgang schildern:

In der Nähe der großen Scheunentür wurde ein Hauklotz postiert. Onkel Wilhelm band sich eine Sackschürze vor die Hose und hackte einem Huhn den Kopf ab. Auf keinen Fall durften wir Kinder den Nahbereich dieser Handlung betreten, nein wir sollten ins Haus gehen, schlichen aber doch wieder heraus – die Neugierde war zu groß. So drückten wir uns an die Hauswand und beobachteten die Szene.

Das erste Huhn ohne Kopf flatterte aufgeregt um sein Leben, das keins mehr war, dann das zweite, das dritte, vierte usw., es waren wohl insgesamt acht Hühner. Sie alle flatterten ohne Kopf zum Teil an der Scheunentür hoch und auf dem Hof herum, ohne zu klagen, denn sie konnten ja keinen Ton mehr von sich geben. –

Danach wurden sie in einen Sack gesteckt und später zubereitet.

Meine Einschulung
im Herbst 1941

Im Herbst 1941 wurde ich eingeschult. Ich bekam eine wunderschöne, buntbestickte neue Schürze umgebunden. Mit Lederranzen und Schultüte ausgerüstet brachte meine ältere Schwester mich zur Schule – unserer Dorfschule, die nur ca. hundert Meter weit weg war, sozusagen nur um die Ecke.

Es war an einem Nachmittag, denn vormittags hatten ja die großen Schulkinder Unterricht, und ich kenne nur diesen einen Klassenraum. Zur Schule gehörte auch eine Lehrer-Wohnung. Nun saßen wir Schulanfänger vorne in den ersten Bankreihen. Es waren auch Kinder aus zwei Nachbarorten dabei, denn dort gab es keine Schule.

Wir holten nach Anweisung der Lehrerin Fräulein S. unsere Schiefertafel heraus, an welcher mit Band an einem Loch ein Schwamm befestigt war, um die Tafel feucht abwischen zu können; ein trockener Lappen gehörte ebenfalls dazu zum Trockenwischen. Des weiteren besaßen wir einen hölzernen Griffelkasten. Mit einem Griffel wurde auf der Tafel geschrieben. Unsere erste Aufgabe bestand darin, das kleine »i« eine Reihe lang zu schreiben – das i der deutschen Schrift, noch nicht lateinisch! Ich kannte es schon, denn mit fünf Jahren wurde ich öfter mit zur Schule genommen, wenn man mich nicht ohne Aufsicht zu Hause lassen konnte. Die Tafel hatte auf der einen Seite Schreiblinien und auf der anderen

Rechenkästen. Die lederne Brottasche ist noch zu erwähnen für das Pausenbrot. An diesem ersten Tag wurde uns noch gesagt, wann wir morgen kommen müßten und bald etwa nach einer Stunde durften wir wieder nach Hause gehen.

Am zweiten Tag mußten wir morgens kommen, hinter uns saß die zweite Klasse, dahinter die dritte und ganz hinten die vierte. Die Lehrerin mußte nun alle beschäftigen, die anderen hatten Kopfrechnen. Mein Cousin Wilhelm konnte gut rechnen, er machte in der zweiten Klasse schon bei den dritten und vierten Klassen mit, wenn Kopfrechnen dran war. Bis zur Schulentlassung brachte er immer eine »EINS« in Rechnen nach Hause. Die 5. bis 8. Klassen hatten zu anderer Zeit Unterricht.

In der dritten Klasse lernten wir dann die lateinische Schrift. Jetzt durften wir auch schon mit dem Federhalter und Tinte schreiben – nicht immer, aber häufiger. Religionsunterricht gab es nicht, Sport auch nicht, eine Turnhalle war nicht vorhanden. Nachmittags mußten die größeren Jungen einmal wöchentlich zur Hitlerjugend, ab dem Alter von zehn Jahren, und die Mädchen trafen sich zum BdM »Bund deutscher Mädchen«

Nach Beendigung meines dritten Schuljahres, das war im Herbst 1944, wurden die Schulen geschlossen, der Krieg kam näher. Nun mußten wir nicht mehr zur Schule.

Ich wurde erst wieder im Frühjahr 1946 in Niedersachsen in einer Schule angemeldet, wo unsere

Familie nach der Vertreibung sich niederließ. Ich kam in die fünfte Klasse nach eineinhalb Jahren Schulausfall.

Später habe ich sehr darunter gelitten, daß ich keine geeignete Schulbildung erfahren durfte und um dieses Defizit auszugleichen, nahm ich an vielen Volkshochschul-Kursen teil; nun schon mehr als vierzig Jahre lang.

Schiffs-Linien-Verkehr von Gartz/ Schwedt nach Stettin

Für größere Einkäufe, Zahnarztbesuch oder Verwandten-Besuche mußten die Leute aus den Dörfern mit dem Schiff nach Stettin fahren.

Zu diesem Zweck kam morgens um 9 Uhr der Dampfer ›Gartz‹ oder ›Siegen‹ aus südlicher Richtung und legte, nachdem er die Autobahnbrücke passiert hatte, in Niederzahden an.

Es kam die Zeit, daß auch ich manchmal mitfahren durfte. Einmal mußte mein Bruder zum Zahnarzt, dahin nahm unsere Mutter mich auch gleich mit. Ein anderes Mal wurden mir die Polypen herausgenommen bei einem Arzt in Stettin; danach brachte mich Mutter zu einer Tante, die in Stettin lebte; hier nun mußte ich übernachten. Von dem Eingriff aber war ich so benommen und müde, daß mir nur noch die wunderbare, praktische Spültoilette in Erinnerung geblieben ist.

Aber zurück zum Dampfer. Auf dem Schiff beeindruckte uns Kinder der alte, bärtige Schaffner in seiner Uniform mit Mütze und Fahrkartentasche und wie er dann seine Inkasso-Tätigkeit ausführte. Uniformierte wirken auf Kinder wahrscheinlich immer besonders stark.

Ich fand, daß er wohl schon sehr alt sei, obwohl aus heutiger Sicht dies nicht ganz zutrifft.

Das Schiff legte in Kurow, in Güstow, und ich

meine auch noch in Pommerensdorf an, aber da bin ich nicht so ganz sicher. Aber dann in Stettin stiegen alle aus, um ihre Dinge zu erledigen.

Ja, wie wirkte die Stadt auf mich, die vielen großen Häuser, der Verkehr, noch mit Pferdewagen. – Nein, ein Stadtkind war ich nicht und wollte es nie sein. Ich war sehr gerne wieder in Niederzahden und wollte dort nie weg, auch meine Eltern nicht und nicht meine Geschwister.

Der Dampfer ›Gartz‹ oder ›Siegen‹ kehrte am Nachmittag um und brachte die Leute alle wieder zurück in ihre Dörfer. In Niederzahden kam er nachmittags um 3 Uhr an!

Dampfer Osten

Eines Tages, es muß entweder 1943 oder 1944 gewesen sein, legte am Gemeinde-Bollwerk ein schöner sauberer, ja ziemlich neuer Schlepper an. Schlepper zogen ja die langen Oderkähne, welche allerlei Fracht die Oder hinunter brachten, und natürlich auch hinauf.

Es war ein funkelnagelneuer Schlepper. Erwähnt wurde häufig die neue Diesel-Maschine. –

Irgendwie kam Mama ins Gespräch mit Frau Weister (sie und ihr Mann waren die Schiffseigner). Schnell schlossen sie Freundschaft, denn die ›Osten‹ kam nun häufiger nach Niederzahden.

An Bord gab es auch einen Steuermann, einen Kanarienvogel und Hühner und natürlich den Kapitän, Herrn Weister.

Ich durfte oft zu ihnen aufs Schiff, was ich sehr gerne tat. Die freundlichen, sauberen Kabinen, die nette Frau Weister und besonders ›Hansi‹, der Kanarienvogel machten mir Freude, hier zu verweilen.

Eines Tages waren Mama und Frau Pieper, eine Nachbarin von uns (300 Pfund Lebendgewicht) von Frau Weister zum Kaffee eingeladen worden. Ich ging natürlich mit, besonders auch deshalb, um das Schauspiel zu betrachten, wenn Frau Pieper über die Reling steigt. Und es war auch gut, denn so konnte ich beobachten und frühzeitig zu der Erkenntnis kommen, daß man besser so dick wie Frau Pieper nicht sein sollte, nämlich aus folgendem Grund:

Zur Kabine führten zwei Eingänge. Warum man nun versuchte, den ersten durch den Maschinenraum zu nehmen, ist mir heute noch nicht ganz klar, denn hier kam Frau Pieper nicht durch. Es schien aber so, als ob sie es selbst unbedingt so wollte, vielleicht sich beweisen, daß sie es schafft.

Aber sie blieb fast stecken in der Luke, konnte gerade noch zurück und nach draußen kommen. Dann gingen alle zum Seitenkabinen-Eingang; die Tür war breiter, und es gab richtige Treppenstufen. – – –

Wir haben uns später oft gefragt, wo wohl Weisters mit dem schönen Dampfer ›Osten‹ abgeblieben sind, ob sie womöglich nach Rußland mußten? Wir wissen es nicht!

Unsere Kleidung in jener Zeit!

1946/1947

Als Kleidung hatten wir nur das, was wir auf dem Leib trugen und das wenige, was noch im Rucksack mitgebracht wurde. Es gab weder Geld, noch etwas zu kaufen. Wenn man hier oder dort ein Stück geschenkt bekam, war es eine große Freude.

Später trafen auch Carepakete aus Amerika ein mit Kleidung u. a. Sachen.

Ende Juni 1948

Die Währungsreform hatte Termin! Die kleinen Scheine, das Alliierten-Geld, wurde nun ungültig. Pro Kopf der Bevölkerung gab es 40,00 DM!

Die Läden in der Marktstraße in Barsinghausen, wo es sonst kaum etwas Gescheites zu kaufen gab, waren nun über Nacht mit Waren aller Art angefüllt; die Schaufenster voll. Es gab plötzlich alles; uns Kindern gingen die Augen über, aber die Menschen hatten – wie gesagt – nur pro Kopf DM 40,00 – Junge Männer interessierten sich nun vor allem für Radios.

***

Es wurde ein Fond gegründet, aus welchem die Vertriebenen und Flüchtlinge einige Mittel erhielten, um sich Hausrat (Geschirr, Kochtöpfe, Bratpfannen u. a.) anschaffen zu können. Es wurde allerdings nicht Geld ausgegeben, sondern Gutscheine bekamen die Leute, und diese Gutscheine konnten in den Geschäften eingelöst werden.

***

Vertriebenen-Verbände wurden gegründet für Pommern, Ostpreußen, Schlesier, und ein Soforthilfe-Gesetz wurde verabschiedet, um die erste Not zu lindern.

Auch Lastenausgleichs-Ämter entstanden, die aber nur kleine Hilfen, etwa einen Zuschuß zum Bau eines Eigenheims, als Unterstützung gaben, in den 50er Jahren.

Eine Regelung über die Ostgebiete sollte erst in einem Friedensvertrag verhandelt werden. Sie waren jetzt unter polnischer und sowjetischer Verwaltung.

Aber das alles wollten wir nicht; wir wollten nach Hause, nach Pommern, und die Hoffnung wurde uns nicht zerstört von einem Bundeskanzler zum anderen.

Der Seesack

1989

Am 21.4.1989, nachdem mein Vater verstorben war, habe ich seinen alten Opel-Kadett übernommen. Sein Auto war sein Ein und Alles. Er fuhr sehr gerne und auch bis ins hohe Alter. Dabei suchte er sich die frühen Morgenstunden aus, wenn er mit Tante Mariechen von Hannover nach Barsinghausen fuhr. Von 1964 bis 1985 wohnte er in Hannover bei Tante Mariechen. Als ich im April 1989 das Auto säuberte und den Kofferraum ausräumte, fand ich darin allerlei Werkzeug, Decken, Campingstühle und ganz unten dann den Seesack.

Diesen dunkelgrauen Seesack hatte er beim Militär in Holland bekommen. 1945 brachte er ihn mit nach Hause, nach seiner Kriegs-Entlassung durch die Engländer. Als wir Ende 1945 unsere Heimat verlassen mußten, wurde selbiger Seesack vollgestopft mit Bettzeug, Decken, Kleidung u. a.

Vater trug ihn auf der Schulter – in Berlin. Wir mußten von Charlottenburg zum Stettiner Bahnhof, welcher voller Menschen war.

Er lief immer mit langen Schritten vorne weg (Vater 1,86 m groß), Mutter konnte nicht so schnell folgen, und ich lief immer dazwischen – vorne nach dem großen Mann mit dem Seesack schauend in dieser endlosen Menschenmenge und wieder mich umblickend nach der kleinen Mama, daß wir sie oder uns auch nicht verloren, und mein Bruder war auch irgendwo vorne! – – –

Ich habe den Seesack gewaschen und bewahre ihn sorgsam auf, zur Erinnerung an unseren Weg nach »Westen«!!!
    Oder besser noch: Ich lege alle Sorgen, Ängste, Nöte und alle Last jener Zeit, die mich bis heute quälen, hinein und werfe ihn über Bord!